뇌를 알면 우리 아이의
미래가 열린다

뇌를 알면 우리 아이의 미래가 열린다

백기자 지음

KNOWLEDGE COMMUNITY 공동체

들어가는 글

행복하게 살고 싶다!

이것은 우리 모두의 바램일 것이다.

모든 사람들이 행복하게 살 수 있다면 더할 나위 없이 좋겠지만, 세상에는 행복을 잘 느끼는 사람과 그렇지 못한 사람이 있다. 왜 그럴까? 대체 행복이라는 느낌은 어디서 오는 것일까?

이 책은 행복한 마음이 지닌 위대함을 뇌의 관점에서 풀어 보고자 한다.

인간의 뇌는 소우주라 불리울 정도로 복잡해 신비의 베일에 둘러싸여 있었지만 이제는 인간이 도전해야 하는 마지막 개척지가 되고 있다.

뇌에는 많은 수식어가 붙어 있다.

"뇌" 속에 성공의 비결이 있다.

뇌는 결국 한 사람의 인생을 결정짓는다.

뇌 속에 인간의 성공과 행복이 있다.

'뇌가 곧 나고 내가 곧 뇌다' 등

인간의 마음과 행동을 궁극적으로 조절하는 것은 유전자이다. 그리고 유전자가 자신의 전략을 수행하기 위해 발달시킨 것이 바로 '뇌'라고도 한다.

유전자 정보 DNA는 뇌와 뗄 수 없는 관계이다. 인간과 침팬지의 DNA는 98.7퍼센트가 동일하다. 1.3퍼센트 차이가 인간과 동물로 나누었다.

또한 인간 게놈의 배열순서는 모든 사람한테서 99.9퍼센트 이상 동일하게 나타난다. 나머지 0.1퍼센트의 차이로 누구는 행복하고 불행하며, 누구는 크고 누구는 작으며, 또 누구는 머리회전이 빠르고 누구는 우둔한지가 결정된다.

필자는 0.1퍼센트의 작은 차이가 노력 여하나 마음먹기에 따라 큰 차이를 만든다는 것을 많이 경험했다. 뉴로피드백 뇌훈련센터와 연구실을 운영하면서 아이들의 학습과 관련하여 거의 3,000건 이상 상담하고 훈련시킨 결과 아이들의 강점과 약점, 아이들의 학습방식이나 행동성향, 정서적 특성을 결정하는 것은 그 아이만의 독특한 뇌기능에서 기인된다는 것을 알았다.

아이들은 저마다 '다른' 두뇌구조를 가지고 태어난다. '좋고 나쁨'이 아니라 '다름'이다. 시중에는 아이들의 학습을 돕기 위한 각양각색의 관련 책들이 많이 나와 있다.

그 많은 책들이 대부분 경험과 교육적 측면만을 강조하고 있는데 이 책은 아이의 뇌를 읽는 방법을 자세히 설명하고 있다. 아이의 뇌와 학습의 그 긴밀하고도 필연적인 관계를 이해하지 못하고서는 결코 아이를 도울 수 없기 때문이다.

따라서 이 책에서 소개하는 뇌기능의 특성을 통하여 자녀들의 행동성향이나 정서적인 성향을 이해하고 활용한다면 아이들의 학습에서뿐만 아니라 아이들의 삶을 개선하는 데 큰 도움이 될 것이다.

무릇 자녀를 가진 모든 부모, 열정을 가진 모든 교육계에 계신 분들에게도 도움이 되길 바란다.

2011. 12.
저자

차례

1장

아이의 뇌를 읽으면 아이의 현재가 보인다

1장

아이의 뇌를 읽으면 아이의 현재가 보인다

아이들은 다 다르다

어른들의 세계에서는 모든 사람이 모든 분야의 지식과 기술에 두루 통달한 팔방미인이 될 수 없다는 것을 당연하게 여긴다. 그런데 아이들한테는 모든 것을 다 잘하라고 엄청난 압력을 가하고 있다. 우리나라 아이들의 대부분은 학원이나 가정에서 실시하는 조기특기교육에 내몰리고 있으며 이러한 경향으로 인지적 교육이 강조하는 방향으로 흘러가고 있으며 조화로운 전인발달을 저해 받고 있다.

성인에 비해 아이들은 정신적, 심리적으로 발달이 미숙한 시기이므로 급변하는 생활변화에 적응하는 능력이 부족하여 스트레스의 종류와 정도가 더 어려울 수 있다. 또한 정서적으로 불안정하며 인내심이 부족하여 공격적이며 충동적인 아이들이 증가하고 있다는 우려의 목소리가 높다.

아이들은 저마다 '다른' 두뇌구조를 가지고 태어난다. '좋고 나쁨'이 아니라 '다름'이다. 여러 해 동안 다양한 배경의 아이들을 만나면서 열심히 노력하는데도 결과가 만족스럽지 못해 선생님과 가족을 실망시키고 급기야 자신에게까지 실망하는 아이들을 무수히 보았다. 인간의 뇌는 제각각이어서 우리 아이들에게 서로 다른 행동성향과 정서적 성향이 상호존중으로 자리잡을 수 있도록 이해해야 한다.

또한 세상의 모든 어른들에게도 아이와 청소년기였던 적이 있었다. 그러나 막상 어른이 되면 어디로 어떻게 향할지 모르는 아이들의 행동을 이해하기가 어려워진다. 아이들을 이해하려는 노력이 수세기 전부터 있어 왔음에도 여전히 이해하기 어렵다. 오늘날 아이들을 바라보는 다양한 학문적 관점들이 존재하는 것은 아이들을 이해하려는 노력이 여전히 진행 중이라는 것을 의미하며, 또 그만큼 규정하기 어려운 다중적인 특성들이 공존하고 있는 시기임을 보여주는 것이라고 하겠다.

위대한 사상가 Socrates는 "젊은이들은 현재의 쾌락을 즐긴다. 그들은 버릇이 없고 권위에 대해 경멸감을 보인다. 또한 그들은 어른들에게 무례를 범하며 예배시간에 떠들기를 좋아한다. 그리고 더 이상 어른을 보고도 벌떡 일어나지 않으며 부모에게 대들고 손님들 앞에서 킥킥거리며 웃고 음식을 게걸스럽게 먹어대며 선생님을 괴롭힌다"라고 말하였다. 동 시대의 Aristoteles도 역시 청소년들을 바라보며 '욕망이 변덕스럽다. 욕망이 열정적이면서도 덧없어 보인다' 고 했을까. 공자님도 과거와 그 시대의 아이들의 특성을 비교하였고 하물며 현 세대의 어른들도 아이들의 시대적인 면모를 비교하며 불만을 털어놓는다.

이 자체만으로 '아이들' 의 특성이라고 한다면 아이들은 단연 흥미로운 연구주제가 아닐 수 없다.

이는 아이들이라고 지칭할 수 있는 시기에 나타나는 행동들이 사회적 · 시대적인 오랜 변화에도 크게 달라진 것이 없다는 것을 보여주고 있다. 더 나아가 아이들 시기에 나타나는 특성들이 사회와 문화, 시간에도 영향을 받지 않는 좀더 근본적인 곳에서 발생하는 것임을 생각하게 한다. 그것이 바로 본 서에서 주목하는 아이의 '뇌'와 '뇌기능'이다. 이제, 아이들을 이해하기 위해서는 아이들의 뇌와 뇌기능을 이해할 수 있어야 한다.

이러한 연구는 뇌를 촬영하는 영상기술의 발달과 함께 아이들의 사회적 행동 특성들을 하나 둘씩 규명해내고 있다. 아이들의 모든 상태를 조절하는 뇌의 상태를 정확히 알아야 현재 자신의 상태와 능력을 정확히 파악할 수 있다. 원인을 정확히 알게 되면 그것을 해결하는 방법도 쉬울 것이다.

뇌의 구조와 기능

인간의 뇌를 구성하고 있는 신경세포, 즉 뉴런은 한 개의 신경세포들과 그것으로부터 나오는 여러 개의 작은 수상돌기들, 그리고 그 중 한 개의 길게 뻗어나온 축색돌기로 되어 있다. 축색은 신경계의 전기줄에 해당하며, 보통 신경이라고 하면 많은 신경섬유가 모여서 다발을 이룬 것을 말한다.

신경조직의 특징은 축색종말과 다른 세포들을 기능적으로 연결시켜 주어 정보의 전달이라는 특수기능을 하는 시냅스가 있다는 점이다. 뇌에서 정보는 수상돌기(dendrite)라는 세포 사이의 가지와 같은 연결들을 통해서 전달되기 때문에 연결의 밀도가 높고 수가 많으면 많을수록 정보전달은 좋아지며, 뇌활동이 활발해지면 보다 많은 혈액이 그 지역으로 흐르게 됨으로써 혈액 속의 영양분이 기존의 연결을 보다 강화시키고 재조직, 재구성하게 되어 세포의 자기조절(self regulation)능력을 증가시킨다.

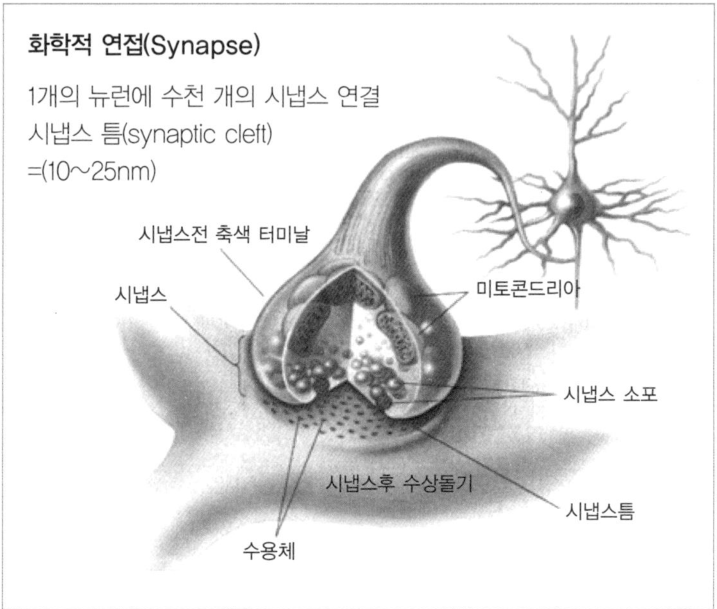

〈시냅스(연접)〉

또한 인간의 뇌는 약 천 억개의 뇌세포와 약 10조에서 100조개의 신경 네트워크로 구성되어 인간의 모든 정신활동과 육체활동을 조정한다. 신생아의 뇌무게는 350그램 정도이지만 성인은 그 4배가 되는 약 1400~1500그램이다. 몸무게의 단지 2퍼센트, 신문지 한 면 크기의 표면적밖에 안 되지만, 전체 에너지의 20퍼센트, 산소 소비량의 25퍼센트를 소비한다.

인간의 뇌는 동일한 구조로 이루어져 있으나, 그 기능은 개인에 따라 차이가 있으며, 기능에 따라 상위뇌, 중위뇌, 하위뇌로 분류한다. 상위뇌는 대부분 신피질(neocortex)로 구성되어 있으며, 고차원의 의식기능 및 운동영역을 담당하는 전두엽(frontal lobe), 체성감각 정보를 담당하는 두정엽(parietal lobe), 기억과 언어능력을 담당하는 측두엽(temporal lobe), 시각정보를 담당하는 후두엽(occipital lobe) 등의 네 부분으로 나누어진다. 그 중 전두엽은 인간만이 가지고 있는 문화적인 뇌(Cultural Brain)로 불리는 부위로, 뇌의 다른 부위와 전체적으로 연결되어 있어 인간의 가장 고도의 정신작용을 주관한다. 가장 최근에 진화한 이성의 뇌이다. 학습과 기억을 담당하는 중요한 뇌부위이다.

중위뇌는 기저핵(Basal Ganglia), 변연계(Limbic System), 시상(Thalamus), 시상하부(Hypothalamus)로 구성되어 있다. 감정의 뇌로 정서와 감정에 관여한다.

하위뇌는 뇌간과 척수를 포함한다. 뇌간은 중뇌, 뇌교, 연수로 구성되어 있다. 척수는 신체의 모든 정보를 전달하는 중요경로이며, 중추신경계의 일부분이다. 생명의 뇌로

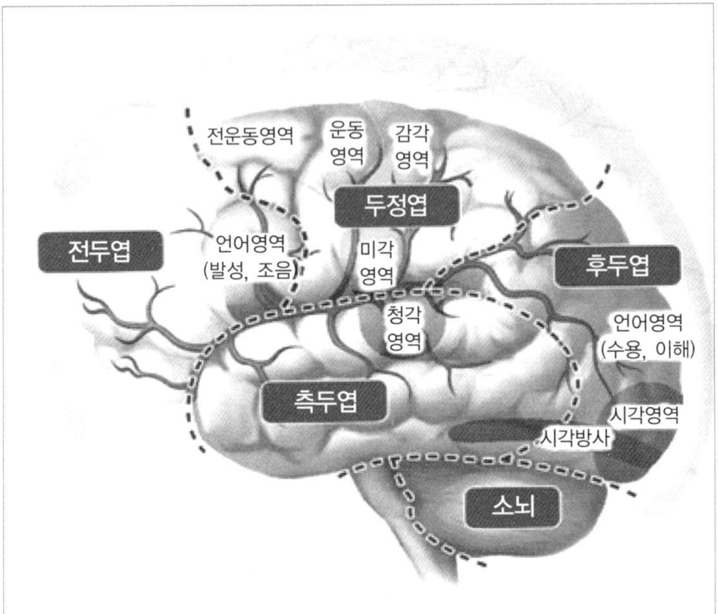

〈뇌의 각 부위명과 기능〉

호흡, 심장박동, 혈압조절과 같은 생명유지에 필요한 기능을 담당한다. 각 층은 서로 정보전달을 하면서도 기능상 상대적으로 독립되어 있고, 또한 유기적인 관계를 잘 하는 뇌가 바람직한 상태이다.

뇌 발달과정에 따른 교육방법

인간의 뇌는 일생 동안 발달하며 뇌의 발달과정은 다음 페이지의 그림과 같다.

뇌의 활성 여부는 얼마나 많은 신경세포들이 치밀한 네트워크로 연결되어 있는가에 달려 있다.

신경망은 자연이 만들어낸 최고의 정보통신망이다. 소위 천재들의 뇌는 신경 네트워크가 보통 사람들보다 훨씬 치밀하게 발달되어 있어 정보교환이 활발하게 이루어진다. 신경네트워크를 통해 수많은 정보들이 초고속으로 동시다발적으로 처리된다. 신경네트워크는 올바른 교육과 훈련에 의해 계발된다. 따라서 뇌는 평생 동안 끊임없이 변화하고 발달한다.

두뇌와 교육은 깊은 관계가 있다. 인간의 뇌는 한순간에 만들어져서 완성되는 것이 아니다. 무려 15년이란 긴 시간에 걸쳐 천천히 완성된다. 이런 뇌 발달과정에 맞춰 가장 효과적인 교육방법이 있으며 이에 따라 교육시킴으로서 뇌발달을 최적화시킬 수 있다. 우리 뇌는 기능별로 발달되는 시기가 결정되어 있는데, 다만 학습능력만큼은

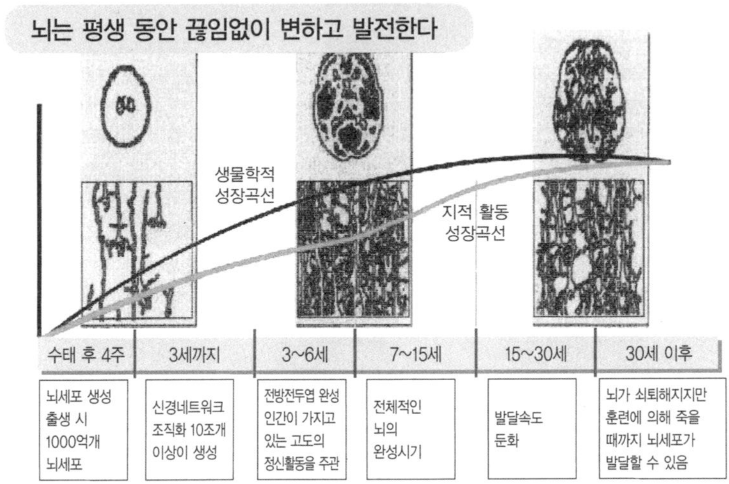

〈뇌의 발달과정〉

평생 동안 유지된다. 그 발달과정은 시기적으로 단계가 있고 기능별로 결정적 시기가 있다. 한번 기회를 놓치면 다시는 오지 않는 것이 뇌 발달과정이다. 두뇌발달은 앞의 전두엽부터 뒤의 후두엽 쪽으로 이동하면서 발달한다. 전두엽은 가장 넓게 차지하고 있는 부위로 사고와 언어에 대한 일을 관장한다. 두정엽은 신체를 움직이는 일과 입체 공간적 인식기능을 담당하고, 측두엽은 언어적 능력과 청각에 관련된 일을 한다. 또한 후두엽은 눈으로 보고 느끼는 시각적인 정보를 담당한다. 따라서 효과적인 학습법은 앞의 전두엽을 자극하는 과정부터 시작해서 후두엽을 자극하는 과정으로 변화해가는 것이 가장 이상적이다.

이제 뇌의 발달과정과 이에 따른 최적 교육방법을 살펴보자.

1단계 : 뇌세포 발달기(태아 시) – 태교

수태 후 25일이 되면 등쪽으로 신경들이 모여서 신경파이프를 형성하면서 발달하기 시작한다. 30일이 넘으면서 앞부분이 부풀어 오르면서 뇌가 만들어진다. 기능적으로 분화되어 하위뇌인 연수에서부터 가장 상위뇌인 대뇌까지 만들어지면서 100일정도 되면 구조가 다 만들어진다. 그 이후부터는 뇌세포들이 급속하게 증식되기 시작한다. 그러다 수태 후 8개월이 지나면서 뇌세포들이 가장 많이 증식되는데 이 시기에 갑작스런 뇌세포 소멸이 있으면서 태어날 때쯤엔 약 1000억 개의 뇌세포를 가지게 된다. 신경네트워크는 유전자에 의해 결정된 본능적인 기본 네트워크가 구성된다.

수태 후 100일이 지나면 뇌의 인지기능이 시작되기 때문에 100일 때부터는 실제 아이가 눈 앞에 있는 것처럼 생각하고 아이와 대화를 나누고 책도 읽어주고 음악도 들려주는 교육이 필요한 것이다. 실제로 이 시기에 특정 교육, 예를 들면 영어교육이나 음악교육, 산수교육 등을 집중적으로 해주면 태어나서 그 방면에 특출난 재능을 갖게 되는 사례가 많다.

2단계 : 신경네트워크 발달기(생후~3년) – 영아교육

태어나면 우선적으로 감각신경세포들이 우리 몸의 모든 감각정보들을 처리하는 신경네트워크를 발달시키기 시작하고 운동신경세포들이 몸의 모든 운동을 조절하기 위한 신경네트워크를 구성하게 된다. 이 과정이 약 1년 이내에 거의 끝난다. 이 시기에 이런 네트워크가 만들어지지 않으면 영원히 불구가 된다. 그것은 뇌의 중요한 특성으로서 기능별로 발달시기가 정해져 있기 때문이다. 이것을 임계시기 또는 결정적 시기라고 부른다. 만일 태어난 아이의 한쪽 눈을 2개월가량 가려놓으면 그쪽 눈은 시각장애가 될 것이다. 눈은 정상이나 뇌세포에서 그쪽 눈에서 들어오는 정보를 처리하는 뇌세포 네트워크가 만들어지지 않기 때문이다. 따라서 생후 1년간은 모든 감각운동기관이 정상적으로 발달되면서 지각, 인지 능력이 급속히 발달하는 과정이다. 이때 부모가 피부접촉(Skinship)을 자주 해주고 쉴 새 없이 대화와 독서를 해주면 언어능력이 탁월하게 발달하게 된다. 생후 1년 동안에 발달되는 신경네트워크는 전체의 약 60% 가량이 완성된다. 생후 2년에서 3년 동안에는 전체 뇌신경 네트워크의 발달시기로 전체 네트워크의 약 80%가 완성된다고 본다. 이때 다양한 정보의 저장이 이루어지게 된다.

또한 이 시기에 가장 중요한 것은 부모의 따뜻한 사랑이다. 애정결핍으로 자란 아이들이 커서 범죄에 빠지거나

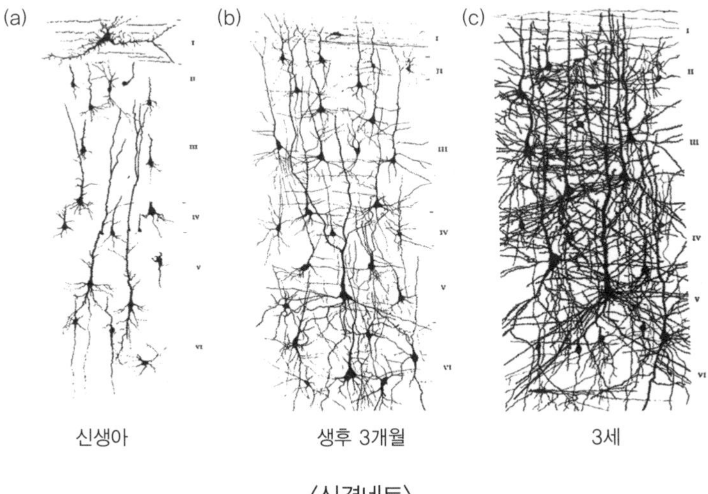

〈신경네트〉

성격이상이 되는 확률이 아주 높으며 뇌도 그 무게에서 10~15% 가량 가볍게 된다.

3단계 : 전전두엽 신경네트워크 발달기(4~6년) – 유아교육

생후 4년에서 6년 사이는 비로소 인간다운 사고능력을 키우는 시기이다. 전전두엽은 이마영역에 있는 뇌부위인데 인간만이 가지고 있다. 이 부위는 인간의 가장 고등 정신작용을 조절하는 부위이다. 생각하고 분석하고 추리하고 종합하며 창조하는 모든 고도 정신작용이 이 부위에서 일어난다. 따라서 전전두엽을 문명의 뇌라고 부른다. 이때부터 아이들은 지적 호기심이 강하게 되어 질문이 많아진다. 그러면서 전전두엽의 신경네트워크가 발달하게 된다. 이때까지 해서 뇌 전체 네트워크의 90%가 완성된다. 2단계까지 구축된 다양한 정보들이 종합되면서 새로운 분석능력과 사고능력이 생기면서 질문들이 많아지는 것이다.

이 시기에 질문을 받으면 바로 답을 주어서는 안 된다. 아이들이 스스로 질문에 대한 답을 찾을 수 있도록 도와주어야 한다. 그래서 질문을 하면 "왜 그럴까?" 또는 "우리 ○○는 어떻게 생각하니?"라고 되물어보면서 스스로 생각해서 답을 하도록 유도해야 한다. 또한 답을 말하도록 하기 위해 보상조건을 제시해서는 절대 안 된다. 그리고 아이가 자기 생각을 말했을 때 반드시 칭찬을 해주어야 한다. 답이 맞고 틀리고는 중요하지 않다. 이렇게 스스로 생각해서 답을 말할 수 있도록 해주는 것이 바로 전전두엽을 발달시키는 최고의 방법인 것이다.

4단계 : 좌우뇌 통합 발달기(15세까지) – 초 · 중등교육

이 시기는 뇌 전체적인 통합 발달시기이다. 3단계까지 전전두엽의 발달이 이루어진 것을 발판으로 좌뇌와 우뇌의 기능들이 본격적으로 통합 · 발달되면서 인간다운 사고능력이 급속히 발달하게 된다. 비로소 고도 학습능력을 키울 수 있게 된 것이다. 인간의 뇌는 좌뇌와 우뇌가 기능적으로 분화되어 있는데 이것이 절대 따로따로 작용하진 않는다. 좌우뇌의 역할분담은 작업효율을 극대화시키기 위한 것이고 실제로 한 가지 정보를 처리하기 위해서는 좌뇌와 우뇌가 협력적으로 일하게 된다. 만일 이런 통합작용이 떨어지게 되면 지적능력과 뇌 활동능력이 떨어지게 된다. 그래서 6세까지 모국어가 충분히 발달되었으면 12세까지

제2외국어를 익힐 수 있는 최적시기가 된다. 이때 외국어를 익히게 되면 마치 모국어처럼 익힐 수 있게 되며 그 능력은 평생 가게 된다.

이 시기는 초등학교와 중등학교를 다니게 되는 시기로 다양한 과목에 대한 학습이 이루어진다. 중요한 것은 스스로 학습할 수 있는 습관을 길들이는 것이다. 뇌발달은 외부정보를 스스로 처리해야 이루어진다. 외부에서 주입되는 주입식 교육과 단순 반복학습은 뇌발달을 편향되게 만들고 신경네트워크의 발달도 느리게 된다. 능동적으로 스스로 학습하는 뇌만이 제대로 신경네트워크를 발달시켜 뇌기능을 최적화시키게 된다.

5단계 : 전성기(15~35세) - 고등교육

이제 뇌에 날개가 달린 시기이다. 맘껏 날개를 펴고 지적인 탐구와 자유를 만끽하는 시기이다. 고등학교, 대학교, 대학원 및 사회생활을 하는 시기이기 때문에 가장 고도의 지적활동을 하게 된다. 대부분의 노벨상 수상자들이 20대에 이룬 업적으로 수상하게 된다는 사실을 주목해야 한다. 하지만 이런 뇌능력의 발판은 3단계까지의 뇌발달이다. 6세까지 뇌발달이 최적으로 이루어졌다면 15세 이후에 그 효과가 나타난다. 이 시기에 가장 높은 창의력이 나타나게 되며 새로운 발명도 이때 가장 활발하게 된다.

이 시기의 화두는 창의력이다. 창의력은 인간이 지니고 있는 지적 능력 중 가장 뛰어난 능력이다. 창의력은 지적 능력이 최고도로 종합되었을 때 발달되는 것이며 깊은 내면의식의 각성이 뒷받침되어야 완성된다. 그래서 뇌 스스로 학습에 의한 신경네트워크 발달이 중요하다는 것이다.

6단계 : 쇠퇴기(35세 이후)

35세가 넘으면 뇌세포의 파괴속도는 급속히 증가하면서 신경네트워크가 파괴되기 시작한다. 45세가 넘으면서 노안을 비롯하여 뇌 노화로 인한 육체적인 노화현상이 나타나기 시작한다. 50세가 넘으면서 뇌세포의 급속한 파괴로 기억력이 현격히 저하되기 시작한다. 60세 이후는 노인 뇌로 바뀌면서 다양한 노화현상들이 현저히 드러나게 된다. 노인과 유아의 차이는 노인은 뇌세포 파괴로 인한 신경네트워크 약화인데, 유아는 뇌세포는 충분한데 신경네트워크 미숙으로 인한 약화이다.

이상과 같이 뇌를 알아야 자신의 능력을 정확히 알 수 있다. 학습능력과 업무능력 등 활동능력의 근본적인 배경은 뇌에 달려 있다. 우리가 공부를 잘하고 못하는 이유는 주변환경이나 유전자보다 뇌에서 쉽게 발견할 수 있다. 인간의 두뇌는 대뇌피질을 기준으로 볼 때 앞의 전두엽부터 뒤의 후두엽 쪽으로 이동하면서 발달하므로 학습법은 앞의 전두엽을 자극하는 과정부터 시작해서 후두엽을 자극하는 과정으로 변화해가는 것이 가장 이상적인 학습법이다.

뇌발달에 따른 교육방법을 정리하면 다음 표와 같다.

〈뇌발달에 따른 교육방법〉

단계	발달기	시 기	내 용
1	뇌세포	태아기	태교, 수태 후 100일이 뇌의 인지기능, 8개월 뇌세포 증식
2	신경 네트워크	0~3세 (영아)	전뇌가 고루 발달하도록 다양한 자극 주기, 신경네트워크 80%
3	전전두엽 신경 네트워크	3~6세 (유아)	인간성을 담당하는 전두엽의 발달, 인간다운 사고능력, 신경네트워크
4	좌 · 우뇌 통합	6~15세 (초 · 중 · 고)	언어교육, 전두엽 발달 발판으로 좌 · 우뇌의 기능 통합, 인간다운 사고능력 발달, 6세 모국어, 12세 외국어, 능동적인 뇌가 뇌기능 최적화, 두정엽과 양 옆의 측두엽이 발달한다. 공간 입체적인 사고기능, 즉 수학, 물리학적 사고를 담당하는 두정엽도 이때 발달한다. 12세 이후 시각기능 담당 후두엽
5	전성기	15~35세 (고등)	뇌의 날개, 고도의 지적 활동, 뇌능력의 발판 3단계, 화두는 창의력, 창의력은 지적 능력 중 가장 뛰어난 능력, 지적 능력이 최고도로 종합, 내면의식이 뒷받침
6	쇠퇴기	35세 이후	뇌세포 파괴, 신경네트워크 파괴, 기억력 저하, 신경네트워크 약화(파괴), 유아(미숙)

좌 · 우뇌의 역할

뇌는 좌뇌와 우뇌로 구별되어 있으며, 호흡, 맥박, 체온과 같은 생명현상부터 운동, 감정, 추리, 창조 등 인간의 모든 정신적 · 육체적 활동을 통제하는 중앙처리기관이다.

좌뇌는 언어능력, 수리능력, 이성적 판단, 추리능력 등을 지배하고, 우뇌는 직관능력, 추상적 · 감성적 기능, 통합능력 등을 지배한다. 하지만 좌뇌와 우뇌는 상호 유기적으로 연결되어 통합체계로 활동하기 때문에 뇌는 좌뇌와 우뇌를 전체적으로 계발해야 한다.

뇌의 발달은 전 생애에 걸쳐 이루어지지만 왕성한 발달기회가 있으며, 이러한 왕성한 발달기회는 뇌부위마다 다르게 나타난다. 뉴런의 생성과 이동이 완료되고 시냅스가 발달할 무렵이면 수초화(myelination)도 이루어지기 시작한다. 수초화는 대략 임신 12주부터 출생 후 1년 사이에 시작되어 2세 때 최고조에 달하고 그 이후에도 느린 속도로 계속되는데, 전두엽과 두정엽의 연합영역, 뇌량의 수초화가 가장 늦게 이루어져서 십대 중반 혹은 그 이후까지도 계속된다. 때문에 뇌의 발달시기에 맞는 학습은 뇌의 발달에 매우 효과적이라고 할 수 있다. Berk(2000) 등은 뇌의 발달에 있어서 전반적인 민감기가 존재하지는 않지만 뇌의 여러 부위가 서로 다른 시기에 다른 강도로 발달하기 때문에 뇌부위별 각각의 민감기가 존재한다고 설명하면서 이 시기에 따라 적절한 학습은 뇌의 발달에 매우 효과적이라고 밝히고 있다.

뇌의 좌우 양반구의 발달시기를 살펴보면 그 시기가 다소 다르다. 우반구의 발달시기는 4세에서부터 7세 사이가 가장 많이 발달하는 성장 고조기이고, 좌반구의 경우는 성장 고조기가 7세에서부터 9세 사이라고 밝히고 있다. 한편 뇌의 좌우 양반구의 정보교류를 담당하고 있는 뇌량(corpus callosum)은 좌 · 우반구를 연결하는 커다란 신경섬유다발로, 뇌량의 수초화는 1세부터 시작되며, 4~5세 무렵이 되면 안정기에 이른다. 이 시기에 유아들은 양반구의 정보교류를 요구하는 과제에 능숙해진다. 유아들은 세 살이 되기 전까지는 우반구가 더 크고 좌반구는 막 성장을 시작하기 때문에 유아들에 있어서 첫 3년 동안은 우반구가 뇌를 지배한다.

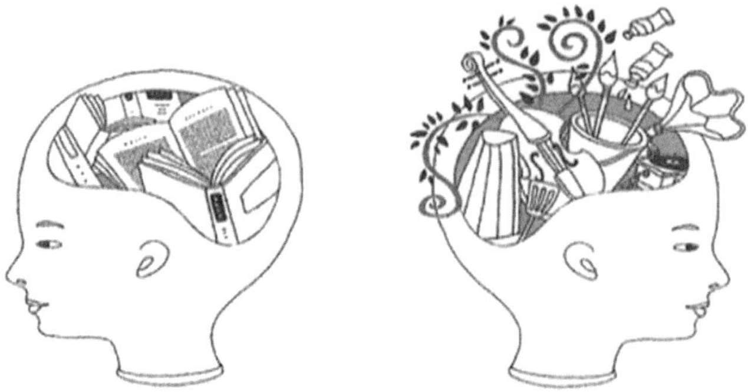

좌뇌	우뇌
언어적 사고와 발달	시각적 · 이미지적 사고와 판단
많은 정보에서 체계적 추리	하나의 정보로 전체를 파악
이성, 지성	감성
논리적	직감적, 감각적
분석적	공간적, 도형적
합리성	비합리성, 신비성
규범, 억압	무규범, 자유로움
유교적	무속적, 무교적
의식	무의식

〈좌 · 우뇌의 경향성〉

좌 · 우뇌의 정보처리방식

좌 · 우뇌의 정보처리방식에 있어 정상인들에 대한 지각 변별연구를 통해 우반구는 병렬적인 방식으로 처리하며 좌반구는 정보를 계열적인 방식으로 처리한다는 연구결과가 밝혀졌다. 병렬적 방식은 유입된 정보들을 전체적이고 종합적으로 처리하는 방식이며, 계열적 방식은 유입된 자극을 순차적으로 하나씩 처리하는 방식이다. 좌 · 우뇌 반구의 정보처리방식의 차이에 대한 연구는 기존의 정보처리 내용의 차이가 기능상의 차이에서 비롯된 것으로 해석한다. 예를 들어, 좌뇌반구가 언어기능을 관장하는 것은 좌뇌반구가 분석적 기능 때문에 발생된 결과로 보아야 한다는 것이다. 최근 PET(Positron Emission Tomography)기법을 통한 대뇌 신진대사를 측정한 결과 수행하는 과제에 따라 뇌반구가 전문화되어 있음이 확인되었으며, 좌우 뇌반구의 기능이 상대적으로 차이가 있다는 점 또한 입증되었다. 즉, 우반구는 종합적, 전체적으로 정보들을 처리하는데 비해, 좌반구는 순차적, 분석적, 시간의존적이며 사건을 여러 개의 단위들이 순서대로 처리한다.

좌 · 우뇌 반구의 담당정보 내용의 차이

대뇌는 뇌의 다른 부분을 둘러싸고 있는 구조를 이루며, 겉으로 보기에 똑같은 모양인 두 개의 반구가 복잡한 신경다발로 매어져 있다. 좌 · 우 반구로 나누어진 대뇌는 서로를 연결해 주는 뇌량(corpus callosum)을 통해 1초에 수만 번씩 정보를 교환함으로써 하나의 통합된 기능을 수행하게 된다(Mark, F., 2009). 좌 · 우뇌 반구는 기능적으로 차이를 가지고 있다. 이는 좌 · 우뇌 반구의 기능에 대한 기존의 연구들에서 확인할 수 있다. 이 기능상의 차이를 검증하기 위해 많은 연구들이 정보를 처리하는 방식에 초점을 맞추거나, 좌 · 우뇌 반구가 담당하는 정보내용의 차이에 초점을 맞추어 이루어져왔다(Keefe, 1987). 초기의 연구들은 주로 좌 · 우뇌 반구가 관장하는 정보의 영역이 다르다는 것을 밝히는데 집중하였는데, 이러한 연구가 축적된 후에는 좌 · 우뇌 반구가 정보를 처리하는 방식의 차이를 밝히는 쪽으로 연구의 방향이 진행되었다. 즉, 어떤 뇌가 핵심적이고 주도적인 역할을 하느냐 하는 측면보다는 뇌의 특정 부위들은 각각 어떤 기능을 하며, 그러한 부위별 기능들이 어떻게 조정되고 통합되어 정신활동이나 신체활동으로 어떻게 나타나는가 하는 관점에서 연구되었다.

뇌반구 비대칭의 원인

지금까지 뇌반구 비대칭의 원인에 대한 연구는 선천적이냐 환경의 영향을 받느냐의 두 가지 관점에서 연구되었다.

첫째, 선천성에 대한 연구에 의하면, 뇌반구 간의 특성은 태어나면서부터 존재한다고 한다. 생후 5주까지의 유아들을 대상으로 한 연구에서 소리와 빛 자극을 제시하였을 때, 소리의 경우 좌뇌반구, 빛의 경우에는 우뇌반구의 반응이 활발하게 나타난다는 것이 보고되었다. 한편 유전적인 요인이 뇌반구의 비대칭을 결정한다는 연구결과도 있었다. 대표적으로 왼손잡이, 오른손잡이의 유전을 통해 뇌반구의 우세를 설명하거나, 가족 간의 유전자 정보에 뇌반구 비대칭의 특질들도 함께 전해진다는 것이다. 물론 유전적인 요인에 의한 선천적인 영향력이 존재하기는 하겠으나 이러한 주장들이 아직 충분하게 실증적인 연구결과를 나타내지는 못하고 있다.

둘째, 환경적 요소와 관련한 연구이다. 즉, 이들 연구는 선천적인 요소들이 영향을 미치기는 하겠지만, 개인이 성장함에 따라 오히려 환경적 요소들이 더 큰 영향을 줄 것이라고 주장하고 있다. 또한 언어적인 능력을 제외한 나머지 뇌의 기능은 거의 미분화된 상태이며, 좌우 뇌반구 어느 쪽이든 그 자체적으로도 완전한 두뇌로 작용할 수 있다. 단지 출생 후 성장함에 따라 더 효율적인 방식으로 정보를 처리하기 위해 환경과의 접촉을 통해 분업이 이루어진다는 것이다. 최근의 연구(Geidd, et al., 2005)에 의하면, 백질(white matter)을 이루는 수초는 5세 때부터 연령의 증가와 정적 상관을 이루며 비례한다.

뇌발달의 하드웨어적인 부분인 뇌의 크기는 6세 때 성인 뇌의 95%의 크기를 갖는다. 6세 이후는 경험과 학습 등 환경자극에 따른 반응에 의한 소프트웨어적인 발달로 아동기와 청소년기에 급속히 이루어지는데, 수상돌기와 시냅스의 밀도를 반영하는 회색질은 ∩자 모양(inverted U)으로 전두엽은 약 12세, 측두엽은 16세, 두정엽은 10세 전후로 영역별로 발달차이가 있는 반면, 수초화를 반영하는 백질은 영역별 비특이적이고 연령에 따라 정적 상관을 그린다. 지금까지의 연구결과를 종합해 보면, 뇌반구 우세성은 선천적으로 유전적인 잠재성을 가지고 있지만(Allen & Richey, 1991), 어떤 환경과 경험을 갖느냐에 따라서 결정된다고 할 수 있겠다.

초기의 연구들은 주로 좌 · 우뇌 반구가 관장하는 정보의 영역이 다르다는 것을 밝히는데 집중하였는데, 이러한 연구가 축적된 후에는 좌 · 우뇌 반구가 정보를 처리하는 방식의 차이를 밝히는 쪽으로 연구의 방향이 진행되었다. 즉, 어떤 뇌가 핵심적이고 주도적인 역할을 하느냐 하는 측면보다는 뇌의 특정 부위들은 각각 어떤 기능을 하며, 그러한 부위별 기능들이 어떻게 조정되고 통합되어 정신 활동이나 신체활동으로 어떻게 나타나는가 하는 관점에서 연구되었다.

우리 아이의 현재

우리 아이의 현재는 어디쯤에 있을까?

우리의 생각과 행동은 모두 뇌의 통제를 받고 있다. 인간의 뇌에는 신경연결고리인 시냅스(synapse)가 대략 100조 개가 있다. 이 복잡한 조직망에 따라 신경이 밀접하게 연결되기도 하고 단절되기도 하며, 잘못 연결되기도 한다. 일정한 기능발달 기능은 서로 어울려 조를 이루어 특정한 기능을 수행한다. 다음 문항 중 몇 가지가 해당할까? 객관적으로 볼 수 있는 방법은 무엇일까?

지금 우리 아이는 어떠한가요?

- 공인인증기관에서 영재판정을 받은 아이
- 성적은 좋은데 예민하여 학습에 대한 지나친 긴장감으로 스트레스를 많이 받는 아이
- 학습전략이나 학습습관, 능률극대화를 원하는 아이
- 자기조절능력이나 자기주도학습을 원하는 아이
- 지구력, 입력, 출력의 부조화로 성적이 나오지 않는 아이
- 우수한 학업성적의 지속적 유지를 원하는 아이
- 내성적이며 학습의욕이 떨어지고 자신감이 부족한 아이
- 주의력, 집중력이 낮고 산만한 아이, 학습장애, 주의력 결핍, 과잉행동장애(ADD, ADHD)

개인이 지닌 뇌신경 생리학적 지표를 이용하여 인간의 사고활동에 대하여 두뇌와 기능상태를 과학적으로 조사하는 방법으로 뇌파측정이 있다.

그럼 뇌파란 무엇인가? 뇌파는 뇌세포 간에 정보를 주고받을 때 발생되는 전기적인 신호를 일컫는다. 우리가 두

피상에서 측정하는 뇌파는 수천 만에서 수억 개의 뇌세포들이 동시다발적으로 발생하는 뇌파들의 총합을 보는 것이다. 이 뇌파는 우리의 정신활동 상태에 따라 일정한 리듬이 정해져 있다. 1000억 개의 뇌세포와 100조의 시냅스에서 만들어내는 뇌파이지만 뇌활동 상태에 따라 모든 인간이 다 똑같은 리듬을 만들어낸다. 따라서 우리가 뇌파만 보고도 뇌의 활동상태, 건강상태, 감정상태 등을 판단할 수 있는 것이다. 예를 들면, 불면증인 사람은 잠을 자려고 해도 뇌에서 수면파인 세타파가 안 나오고 활동파인 저베타파가 나오는 사람이다. 학습장애아는 공부하려고 해도 활동파인 저베타파가 안 나오고 수면파인 세타파가 나오는 사람이다. 우리가 만일 의식적으로 뇌파를 조절할 수 있다면 우리의 정신상태도 맘대로 조절할 수 있다는 것이다. 이런 뇌파는 달리 말해 정신적 항상성이라 할 수 있다. 뇌파에 대한 설명은 뉴로피드백을 설명할 때 다시 자세히 설명할 것이다.

뇌파를 이용한 뇌기능 분석은 각 주파수 대역별로 측정한 뇌파수치들의 비율분석을 통해 구한 지수들을 기반으로 뇌의 기능을 종합평가하는 지수이다.

뇌기능분석은 기존의 IQ검사나 적성검사, 인성검사 등 설문지와 문제풀이방식을 통한 간접분석과 달리 뇌의 발달상태, 활성상태, 균형상태, 주의집중능력, 휴식능력, 학습능력 등을 뇌파를 측정하여 정량적으로 직접 분석하는 것이다. 따라서 그 결과가 객관적이고 과학적이다.

뇌기능 분석은 자신의 뇌파를 정밀 측정하여 각성활동에 반드시 필요한 휴식, 주의력, 집중력 등 세 가지 상태에 대해 뉴로피드백 테스트를 함으로써 뇌의 자율신경계 자기조절능력을 과학적으로 분석하여 살아있는 뇌의 기능을 정확히 알 수 있다.

또한 개안과 폐안 시의 뇌파를 비교·분석하여 시각정보에 대한 뇌의 반응을 정확히 파악함으로써 뇌기능뿐만 아니라 육체적 건강상태까지도 판단할 수 있다

종합지능측정방식으로 자율신경계의 자기조절능력, 뇌의 발달정도를 나타내는 기초율동분석, 뇌의 각성정도를 알 수 있는 주의지수, 뇌의 활성상태를 파악하는 활성지수, 정서적인 균형정도를 파악하는 정서지수, 육체적·정신적 스트레스 정도를 파악하는 스트레스 저항지수, 좌뇌

〈뇌기능 분석표〉

와 우뇌의 균형상태를 파악하는 좌 · 우뇌 균형분석 등을 알 수 있다.

그리고 이러한 결과를 종합하여 뇌기능 상태를 종합적으로 판단해 주는 뇌기능지수와 분석표는 다음과 같다. 이 책에서는 뇌기능분석의 지수들에서 행동성향을 판단할 수 있는 활성지수와 정서적 성향을 볼 수 있는 정서지수만 선택적으로 사용하였다.

〈뇌기능 분석지수〉

분석지수	의 미
자기조절지수	뇌의 자율신경계 조절능력 판단
기초율동지수	뇌의 발달정도와 안정성, 노화정도
주의지수	뇌의 각성정도 판단
활성지수	뇌의 활성상태 판단
정서지수	정서적 균형상태 판단
스트레스지수	육체적 · 정신적 스트레스 저항능력
좌 · 우뇌 균형지수	좌뇌와 우뇌의 균형정도 판단
뇌기능지수	뇌기능의 종합적인 판단

2장

아이의 뇌를 읽으면 아이의 미래가치를 바꿀 수 있다

2장

아이의 뇌를 읽으면 아이의 미래가치를 바꿀 수 있다

인간이 태아로부터 끊임없이 뇌의 진화를 거듭해왔다면 그 진화의 과정 가운데 만나는 경험의 조합들이 한 개인을 만들어가는 것이기 때문이다. 성인이 되면 남녀 모두 뇌의 영역에서 성숙기에 도달하기 때문에 새로운 자료를 학습하거나 과제를 수행할 때 차이가 크지 않지만 아동기, 청소년기의 경우에는 상황이 다르다. 뇌를 알아야 자신의 능력을 정확히 알 수 있다.

행동성향과 정서적 성향의 판단, 분석

일반적으로 두뇌를 이야기할 때 언급하는 좌뇌, 우뇌 이론도 두뇌과학의 연구성과물이다. 인간의 대뇌는 서로 다른 기능을 수행하는 좌반구와 우반구로 나누어져 있다. 좌·우 반구는 서로 다른 방식으로 정보를 받아들이고 해석하며, 어느 한쪽 반구는 다른 쪽 반구에 비하여 특정한 과제를 더 잘 수행할 수 있도록 발달되어 있다.

이와 같은 좌·우뇌의 기능적 차이를 두뇌과학에서는 뇌의 기능분화 또는 대뇌반구의 기능분화라고 한다. 이 이론은 대뇌기능 국재설, 편측성, 편재화, 비대칭성, 특이성 등으로도 불린다. 일반적으로 뇌파분석을 통하여 좌·우뇌 반구의 우세성 유형이나 비대칭의 정도 등을 파악할 수 있다.

모든 인간의 뇌는 각기 다른 특성을 지니며 뇌의 전체적인 발달과 좌·우뇌 균형을 이루어낼 때 비로소 뇌기능이 최적화 될 수 있다. 정서적 성향은 명랑(외향)과 우울(내향)로 구분되며, 정서지수에서 판단할 수 있다. 명랑(외향)은 알파파가 우뇌의 활성화이고 우울(내향)은 좌뇌가 활성화되었음을 의미한다. 정서지수에서 명랑성향(−값)으로 나오면 밝고 활달하며, 외향적이며 사람과 관계에 관심이 많으며 통제와 조정을 잘한다고 본다. 우울성향(+값)이면 내향적이며 조용하며, 침착하고 사실과 진실에 관심이 많다고 본다.

점수가 낮을수록 그 정도가 심하다. 또한 베타파는 좌뇌가 활성화되면 이성적, 논리적, 수리적이고 언어능력이 발달되었으며, 외부자극에 긍정적이고 적극적인 반응을 보이고, 우뇌가 활성화되면 감성적, 직관적, 종합적이고 예술능력이 발달되었으며, 외부자극에 부정적이고 비관적인 반응을 보인다.

그러므로 가장 이상적인 것은 좌뇌와 우뇌의 활성도가 거의 비슷하게 균형이 맞고, 점수가 높은 것이라고 하였다.

행동성향을 판단할 때는 뇌기능분석의 활성지수를 활용한다.

활성지수는 알파파 대비 베타파와의 관계를 통해 뇌의 활성정도를 나타내는 지수로서 정신적 활동과 사고능력 및 행동성향을 판단할 수 있다. 주로 두뇌의 외향적 활성 패턴, 학습, 성격, 언어와 관련성이 높다.

좌뇌와 우뇌의 활성지수에 따라 좌뇌형 경향성과 우뇌형 경향성으로 구분된다.

좌뇌가 활성화되면 이성적, 논리적, 수리적이고 언어능력이 발달되었으며, 외부자극에 긍정적이고 적극적인 반응을 보인다.

우뇌가 활성화되면 감성적, 직관적, 종합적이고 예술능력이 발달되었으며, 외부자극에 부정적이고 소극적인 반응을 보인다. 이상적인 것은 좌뇌와 우뇌의 활성지수가 거의 비슷하여 균형을 잡고 높은 것이다.

활성지수는 뇌발달과 연관성이 있으며 현재의 의식적 활성능력을 평가하는 것으로 긴장이나 스트레스에 노출되어 항상성이 낮아진다면 활성지수도 낮을 수 있다. 두뇌발달이 아무리 잘되었다하여도 활성지수가 낮으면 무기력한 뇌의 상태를 보일 수 있으며 활성이 될수록 행동이나 의식이 안정이 되는 것을 볼 수 있다.

행동유형의 특징

뇌기능분석의 활성지수의 유형은 다음과 같다. 왼쪽(좌뇌)이 숫자가 높으면 좌뇌 활성화, 오른쪽(우뇌)이 숫자가 높으면 우뇌 활성화이다. 좌 · 우뇌 활성화에서 좌뇌와 우뇌의 편차가 클수록 편향성이 있으며, 좌 · 우뇌의 점수가 비슷할수록 바람직하다고 본다.

행동성향의 유형과 특징은 다음과 같다.

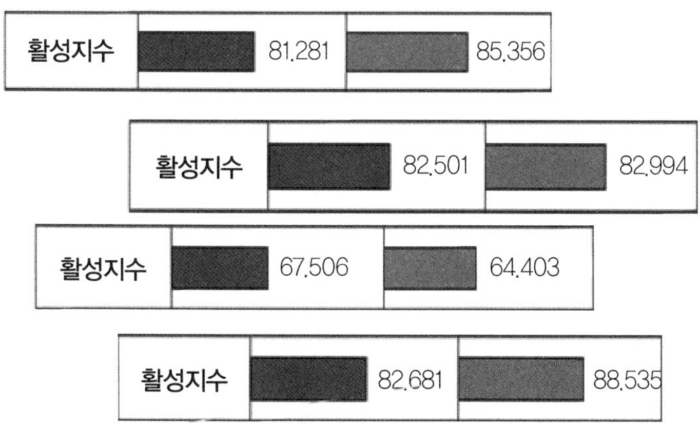

〈활성지수의 행동성향 유형〉

〈행동성향(활성지수)〉

행동성향(활성지수)	
좌뇌경향성	**우뇌경향성**
• 주요 관심 : 전반적 상황 • 관심시제 : 미래 • 내면의 욕구 : 긍정, 적극, 안정 • 인식기능 : 감각, 사고(오감의존, 실제의 경험, 나무를 본 사실적 사건묘사, 가꾸고 추수함)	• 주요 관심 : 타인과의 관계 • 관심시제 : 현재 • 내면의 욕구 : 신중, 소극, 인정 • 인식기능 : 직관, 감정(비유적 암시 아이디어, 숲을 본다. 신속하고 비약적 처리, 씨뿌림)
• 생활양식 : 판단형(계획, 통제와 조정, 신속한 결론, 뚜렷한 기준과 자기의사) • 강점 : 논리적, 이성적, 통찰력, 분석력	• 생활양식 : 인식형(상황에 맞추는 개방성, 이해로 수용, 유유자적한 과정, 처리될 수 있는 포용성) • 강점 : 열정적, 신속함, 솔직함, 창조적
• 행동유형 : "무엇"(what), "어떻게"(how) 협동과 안정지향, 분석지향 탐구전문가, 열정전문가, 성취전문가 • 활동형 학습자 : 능률적이고 자발적인 학습자	• 행동유형 : "누구"(who), "왜"(why) 사람과 인정받기 지향 협력전문가, 헌신전문가, 창조전문가 • 시각형 학습자 : 개념적이고 전체를 파악하는 학습자

정서적 성향의 특성

정서지수에서 적용되는 정서적 성향은 대개 내향적 활성패턴으로 자신의 본질적 의미의 속마음이나 내면의식에 해당한다고 볼 수 있다. 정서적 안정이나 불안정 상태를 나타내며 조증이나 울증의 편향도를 알 수 있으며 외향성이나 내향성의 정도도 파악할 수 있다.

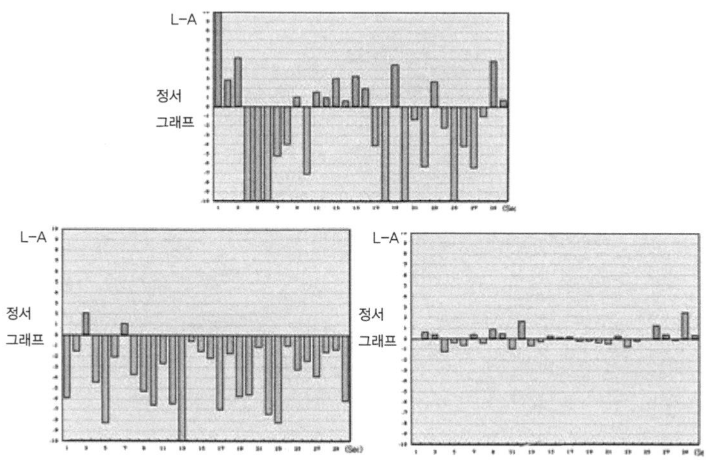

〈정서지수의 정서적 성향유형〉

〈정서적 성향(정서지수)〉

정서적 성향(정서지수)	
외향성(명랑)	내향성(우울)
• 주의초점 : 말로 표현, 자기 외부에 주의집중, 정열적, 활동적, 경험 다음에 이해, 열성적, 쾌활한, 사교적, 표현적 • 판단기능 : 감정형(사람에 주 관심, 나에게 주는 의미 중시. 의미와 관용, 영향, 우호적 협조, 개방적, 낙천적, 자발적, 상상적) • 강점 : 주도적, 자신감, 열정적, 신속함	• 주의초점 : 자기 내부에 주의집중, 글로 표현, 내부활동과 집중력, 이해한 다음에 경험, 조용하고 신중, 서서히 알려짐. 사색적, 초연한 • 판단기능 : 사고형(진실과 사실에 주로 관심, 논리적, 분석적, 객관적 사실판단, 원리와 원칙, 규범, 기준 중시, 지적 논평, 자율적, 자기결정에 의한, 현실적, 독창적) • 강점 : 헌신적, 신중함, 성실함, 준비성
• 학습성향 : 전체적 개념에서 부분적(연역법), 자극에 대해 반응하면서 배울 때 학습효과 있음, 도전 좋아함, 도전적 과제 주는 교사, 칭찬해 주는 교사 좋아함. 많은 친구와 접촉, 팀원으로 학습 좋아함 • 환경 : 교실, 특별활동실	• 학습성향 : 개념적이고 세부사항을 살피는 학습자. 귀납적 학습자(지식 구성 위하여 사실 모음). 특정 분야 전문성을 가진 선생 좋아함, 친구 가려서 사귐, 자기 나름대로 계획 세워 학습하려 함 • 환경 : 외부 방해 받지 않는 연구실, 도서실
• 청취형 학습자 : 실용적인 것을 추구하는 꾸준한 학습자	• 사고형 학습자 : 개념적이고 세부사항을 살피는 학습자

3장

내 아이를 위한 최고의 학습방법

3장

내 아이를 위한 최고의 학습방법

행동성향이나 성격유형에 따라 학습 특징이 각각 다르며 개인차이가 존재한다. 이 아이는 어떤 소질을 가지고 태어났을까? 이 아이는 어떤 방식으로 공부하는 것이 가장 효율적일까? 이 아이의 약점은 무엇인가? 그 약점을 보완하거나 피해갈 방법은 없는가? 이 아이의 강점은 무엇인가? 그 강점을 더욱 강화시킬 방법은 무엇인가? 이 아이에게 맞는 교사의 성격은 무엇인가?

부모와 교사는 끊임없이 이러한 질문을 던지고, 그 질문들에 대한 대답을 찾아야 한다고 본다. 이러한 근원적인 답변이 행동성향과 정서적 성향을 통하여 매우 쉽게 설명하고 있다는 점이다.

아동의 유형별 특징(행동성향)과 학습패턴

다음은 기질적 특성과 유형 특징, 그리고 학습 특징을 정리한 표이다.

좌뇌경향성과 우뇌경향성으로 분리하여 정리하였다. 좌 · 우뇌 활성화에서 좌뇌와 우뇌의 편차에 따라 차이가 많을수록 고, 중, 저로 분류하였다.

〈아동의 유형별 특징(행동성향)과 학습패턴〉

	기질적 성향	유형 특성	유형별 학습 특징
좌뇌 경향성 (고)	주도적이며 자신감과 추진력이 강점이다. 때론 숲보다는 나무를 보는 경향이 있으며 타인을 지배하려는 의도가 강하다. 판단을 우선으로 하며 때론 청각적 자극에 잘 반응하기도 하며 낙천적이다.	칭찬이나 벌에 무관심하다. 공상과학 만화 선호. 승부욕 강하고 이길 때까지 한다. 외유내강의 느낌을 준다.	귀납적 학습자 스포츠 좋아함 직접 활동하는 것을 좋아함 도전적 과제 제시하는 교사 선호
좌뇌 경향성 (중)	구체적으로 계획된 연구나 일을 좋아하며, 매사에 철저하며 사리분별력이 뛰어나다. 다재다능하며, 말하고 쓰는 것을 좋아한다. 자신이 가진 영감을 실현시키려는 의지가 강하다. 열정적이다	활발하다. 합리적으로 생각한다. 공정한 것을 선호한다. 경쟁에서는 이겨야 한다.	수리적 지능발달, 반복학습 수용 자세한 설명을 선호한다. 지시와 지침을 주는 부모님 같은 교사 선호
좌뇌 경향성 (저)	실질적이고 현실감각이 뛰어나며 일을 조직하고 추진시키는 능력이 있다. 새로운 아이디어와 관심분야에 재능과 지적 호기심이 많다. 별명 모범생, 착한아이	계획에 따라 학습 학교규칙 준수 성실하고 책임감이 강하다. 논리적인 표현 선호 간섭을 싫어함	능동적이고, 자발적인 학습자 좌뇌, 우뇌 고르게 사용함 어떻게 행동할지를 말해주고 자신감 넣어주는 교사 선호

우뇌 경향성 (고)	활기가 넘치며 상상력이 풍부하며, 정열적이며 낭만적이다. 민첩하며 독창적이며 여러 방면에 관심과 재능이 많다. 기획력이 우수하며, 사고가 독창적이며 비판분석이 뛰어나다.	좋아하는 것과 그렇지 않는 것과의 차이가 많이 난다. 칭찬에 민감하다. 정리정돈이 안 된다. 순진하고 순수, 기발하다.	개념적이고 전체를 파악하는 학습자 배우는 동안 다른 사람과 사귀는 것 좋아함 감정적인 지원을 해주는 교사선호
우뇌 경향성 (중)	종합적인 사고를 우선으로 하며 판단기준은 감정형이며, 관용을 잘 베푼다. 정열적이며 활기에 넘치며 재능이 많으며 상상력이 풍부하다. 이해로 수용하며 창의력이 강점이다.	대기만성형. 실천력이 부족하다. 성급한 결론을 잘 내린다. 단순하며, 솔직하다. 반복학습을 싫어한다.	분명한 지시를 좋아함 실용적이며 구조화를 잘하는 경향이 있음 단계별로 학습목표를 설정해 주는 것을 좋아함 편안하고 이해심 있는 교사 선호
우뇌 경향성 (저)	우호적인 협조를 잘하며 비유적, 암시적 묘사를 잘한다. 씨 뿌리며 자발적이다. 유유자적한 과정과 상황에 맞추는 개방성과 융통성이 있다. 계획을 성취하는 능력이 우수하며, 집중력이 강점이다.	적응력이 뛰어나다. 표현력과 리더십이 뛰어나다. 사람을 좋아한다. 사려 깊다. 친구나 주변상황에 민감하고, 영향을 받는다.	좌뇌, 우뇌 고르게 사용함 종종 좋은 아이디어 제시, 개별적인 설명이나 가르침을 좋아함 내가 잘 할 수 있다고 칭찬해 주는 교사 선호

아동의 유형별 특징(행동성향)과 직업군

유형과 적성에 맞는 직업이 무엇인지 알아보고, 어떤 일을 할 때 각자의 타고난 재능을 100% 발휘할 수 있는지 알아보도록 하자.

〈아동의 유형별 특징(행동성향)과 직업군〉

분 류	명 칭	직 업 군
좌뇌경향성 (고)	도전가, 개혁가	• 비즈니스 : 기업경영, 벤처사업가, 투자가, 국제세일즈 • 교육, 종교 : 기업교육강사, 부흥목사, • 정치, 법조계 : 정치인, 사회운동가, 법률가 • 예술, 스포츠 : 프로운동 선수, 트레이너
좌뇌경향성 (중)	성취가, 열정가	• 비즈니스 : 경영컨설턴트, 투자상담가, 기업재정변호사, 세일즈매니저 • 마케팅 : 기획, 홍보전문가 • 방송, 연예분야 : 아나운서, 리포트, 영화배우, 연출가, 언론인, 기자
좌뇌경향성 (저)	탐구가, 분석가	• 비즈니스 : 경제분석가, 연구원, 건축설계사 • 교육, 종교 : 교수, 학자, 그래픽 디자이너, 분석가 • 전문분야 : 영화감독, 바둑기사

우뇌경향성 (고)	창조가, 헌신가	• 비즈니스 : 홍보담당, 상품기획자, 변호사, 동시통역 • 교육, 종교 : 임상심리학자, 정신건강, 상담원 • 예술, 스포츠 : 화가, 시인, 연예인, 무용가, 배우
우뇌경향성 (중)	화합가, 수용가	• 비즈니스 : 인사담당, 중간관리자, 인력개발전문가 • 교육, 종교 : 복지전문가, 휴먼서비스 분야 • 보건, 의료분야 : 영양사, 대체의학의사, 언어치료사
우뇌경향성 (저)	협력가, 신중가	• 비즈니스 : 비서, 보좌관, 마케팅 조사원, 고객응대 • 교육, 종교 : 자선사업가, 사회복지기관 종사자 • 이벤트 분야 : 이벤트인력, 메이크업 전문가

아동의 유형별 특징(정서적 성향)과 학습패턴

이 책에서는 정서지수의 점수보다 패턴의 중요성에 중점을 두고 분석하였다. 그래프의 길이와 편향도의 정도, 빈도 수의 정도로 정서적인 성향을 판단한다.

〈아동의 유형별 특징(정서적 성향)과 학습패턴〉

	기질적 성향	유형 특성	유형별 학습 특징
외향성 normal	경험한 다음에 이해하며, 열성적이고 쾌활하며 사교적이다. 적극적이며 자율적이다. 주의초점이 외향에 있으며 개방적이며 말로 표현하는 것이 능숙하다.	친구들과 잘 어울린다. 간섭을 싫어함 다방면에 관심을 가짐 붙임성이 있다.	개념적이고 전체 파악 연역적 학습자 팀원학습 선호 개별적인 설명이나 가르침의 교사 선호
외향성 abnormal (고)	감정형이며 주의집중이 자기 외부에 있다. 정열적이며 활동적이다. 사람이나 관계에 지나친 관심을 가지며, 지나친 자율과 흥분성이 있으며 감정기복이 심하다.	친구들을 이끌려고 한다. 딴 생각을 잘한다. 정리정돈이 안 된다. 장난이 심한 편이다. 그룹작업이 효과적이다. 고집이 강하다.	자극에 대하여 반응하면서 배울 때 학습효과 높음 도전 좋아함 감정적인 지원을 해주며 절대 지지자의 교사 선호
외향성 abnormal (저)	주관적 판단을 중시하며, 고집이 있다. 능동적인 판단을 하나 변화와 행동을 선호하며 표현에 적극성이 요구된다. 조울의 가능성이 있다.	활발하고 독창적이다. 개인주의적 경향 재주가 많다. 감정이 단순하다.	배우는 내용이 나와 어떤 관련이 있는지 알기 원함 과제 열중하지 않을 경우 잡담경향 선생님에게 인정받고, 좋은 관계 유지 원하는 교사 선호

내향성 normal	규범과 기준을 중시한다. 조용하며 침착하다. 이해한 다음에 경험하며 현실적이다. 주로 글로 표현하는 것이 능숙하며 객관적 판단을 우선으로 한다.	성실하고 책임감 강하다. 신뢰감이 간다. 온순하다. 준비물 잘 챙김	개념적이고 세부사항 살피는 학습 독립적인 시간 계획 공부 자세한 설명을 요한다. 특정 분야에 전문성 교사 선호
내향성 abnormal (고)	주의집중이 자기 내부에만 있으며 독창적이며 원리원칙에만 집중한다. 부끄러움을 잘 타며 수동적이다. 감정기복이 심하며 우울하기도 하다.	표현이 없으며, 표정의 변화가 없다. 모든 일에 이유가 많다. 친구와 잘 다투고 잘 따진다. 왠지 강한 구석이 있다.	친구들과 비교 좌절감 느낌 단계적 학습목표 설정해 주는 것 좋아함 감정적인 지원과 편안하고 이해심 많은 교사 선호
내향성 abnormal (저)	내부활동에 적극적이며 감정표현 미숙하며, 이름이나 얼굴 기억을 힘들어 한다. 자기결정에 의한 행동만을 선호한다. 타인의 제약에 개의치 않는다.	혼자 작업하는 것을 선호한다. 자발성이 부족한 편이다. 변화 싫어함 소수와 깊게 사귄다. 잔잔한 산만함	세부사항에 관심이 많고, 자료를 확인함 독립적인 시간계획을 갖고 공부함 자기 나름대로는 계획 세워 학습 논리적으로 설명해주는 교사 선호

다음 장은 뇌의 신비로운 작용을 이해하고 뇌활용법에 대하여 이야기하고자 한다.

4장

뉴로피드백

4장

뉴로피드백

뉴로피드백이란?

뇌세포 간에 정보를 주고받을 때 발생되는 전기적인 신호의 총합을 '뇌파'라고 부르는데, 뇌파는 뇌의 상태를 볼 수 있게 하는 중요한 수단이다.

아이들의 뇌파를 측정·분석하여 아이가 자신의 두뇌 상태를 알고 자신의 상태를 스스로 만들어 갈 수 있도록 훈련시키는 기술이다.

뇌기능분석을 통해 휴식, 주의력, 집중력을 체크하여 기본 모드를 설정하고 아이의 특성에 맞는 프로그램모드로 훈련을 하게 되면 항상성과 자기조절능력이 강화되고 뇌신경 네트워크가 크게 발달되는 두뇌훈련기술로 아이들의 자기주도학습, 주의력, 집중력, 사회성, 정서불안 개선에 큰 효과를 보이고 있다.

뉴로피드백의 원리와 활용

뇌파는 뇌의 신경세포가 활동함에 따라 나오는 "전기적 신호"로 뇌의 활동성을 대변해 준다. 바이오피드백이란 몸에서 우리가 스스로 조절할 수 없는 기능과 관련한 정보를 우리가 알 수 있는 정보로 바꾸어 주어, 조절할 수 없거나 조절이 불가능한 기능을 조절할 수 있도록 해주는 것을 말한다.

뉴로피드백이란 일명 뇌파 바이오피드백이라고도 하며, 자신의 뇌파정보를 직접 눈으로 보면서 뇌발달에 필요한 뇌파를 스스로 조절하여 뇌신경 네트워크를 발달시켜 뇌의 가소성을 향상시키고 뇌신경조직과 네트워크를 재조직하고 재구성하여 뇌를 스스로 활성화시키는 과학적이고 효과적인 방법이다(미국바이오피드백학회, 1968).

그러므로 외부환경으로부터 자극이 들어와도 적절하게 반응함으로써 자율신경계의 조화를 균형 있게 맞춰주고, 체내의 상태를 일정하게 유지시켜 줌으로써 인체의 항상

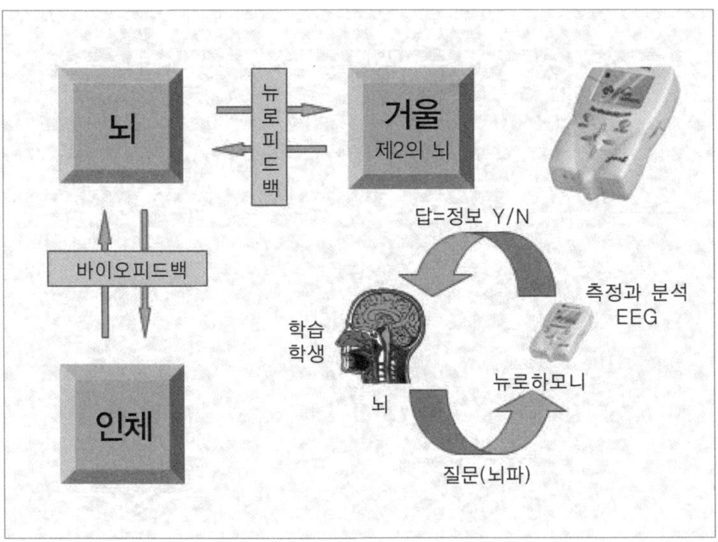

〈뉴로피드백의 원리〉

성(Homeostasis : 체온, 혈압, 체액의 pH, 체내에서 필요한 물질의 양 등)을 높여 준다.

뉴로피드백의 적용효과

뉴로피드백의 발달과정을 살펴보면, 파블로프(Pavlov)의 고전적 조건반사(조건설정+무조건반사 → 학습회로)에 이어 스키너(Skinner)의 조작적 조건반사(조건반사+강화 → 학습효율 조절), 밀러(Miller)의 자율신경계 통제(생리적 현상+조건설정 → 자율신경통제)로 발전해갔다. 뉴로피드백에 관한 연구는 1925년에 독일의 한스 버거(Hans Berger)가 뇌파 측정기를 개발하여 뇌의 기능을 직접 측정할 수 있게 됨에 따라 활발한 연구가 있을 수 있었다.

뇌의 활동상태에 따라 다르게 나타나는 뇌파는 다양한 훈련으로 피드백을 받게 되면 특정파(SMR)에 대한 조절능력을 갖게 되는데, 1958년에 스터먼에 의해 뉴로피드백 훈련의 결과 면역기능이 크게 향상된다는 것을 발견하면서 1971년에 최초로 간질환자에게 적용하여 3개월만에 치료하는 데 성공하였다. 1970년대에는 그린(Elmer Green)에 의해 깊은 내적 평화와 깨달음을 위한 명상훈련으로 육체적 피로완화에 뛰어난 효과를 얻게 되었다.

1990년대에 들어서 정상인들의 정신능력을 극대화하는 것을 목적으로 많은 실험들이 이루어져 IQ 증진을 통한 학습능력 향상, 운동선수들의 경기력 향상, 집중력 강화, 자기조절, 스트레스 저항력 강화, 연기력 증진, 업무 스트레스 향상 등 뛰어난 효과를 얻게 되었다. 웨버는 고통, 불안, 스트레스를 치료하기 위하여 뉴로피드백을 실시하였으며, Scott는 최고 경영자(CEO)들의 스트레스 관리 프로그램으로 채택하여 운영하였다.

태넌바움은 우뇌에 SMR훈련을 하여 긴장을 이완시키고 불안감을 없애 주는 능률 향상 프로그램을 수행하였으며, 또한 어렸을 때 상처받은 기억을 지우기 위해 알파-세타 훈련도 하였다. 이후 수많은 임상실험들이 학습장애아, 과다행동아(ADD/ADHD), 발달장애아, 정신지체아, 치매, 간질, 파킨스씨병, 우울증, 조울증, 불안, 불면, 두통, 만성피로, 정신장애, 약물중독 등을 대상으로 이루어져 성공적인 결과를 가져왔다. 뉴로피드백의 연구발달과정은 다음과 같다.

〈뉴로피드백 연구의 발달과정〉

년도	과학자	연구내용
1904	Ivan P. Pavlov	조건반사 발견, 노벨상 수상
1911	E. L. Thorndike	효과의 법칙(Law of Effect) 발견
1924	Hans Berger	뇌파측정기 발명, 뇌파대역별 구분함
1928	Wilder Penfild	뇌지도 작성
1934	E. D. Adrian	알파파 통제 성공
1938	B. F. Skinner	Operant Conditioning 발표
1958	Joe Kamiya	알파파 뉴로피드백 훈련 성공
1960	Neal E. Miller	자율신경의 조절 가능성 발견
1965	Barry Sterman	SMR파 발견
1968		미국 바이오피드백 학회 설립
1968	Barry Sterman	면역기능 강화효과 검증
1971	Barry Sterman	간질환자 치료에 성공
1973	Elmer Green	세타파 뉴로피드백 훈련에 성공
1975	Joel Lubar	학습장애, ADD/ADHD치료 성공
1987	Othmer	컴퓨터 뉴로피드백 시스템 개발
1990	Peniston	약물, 마약중독자 치료에 성공

뉴로피드백 훈련방법

프로그램의 순수한 효과를 검증하기 위해 중재가 제공되는 동안 정확한 뇌파조절 훈련을 위해서 훈련 시 피험자의 자세와 측정자의 자세, 측정환경에 동일한 환경을 유지하여야 한다. 실험기구는 뉴로피드백 시스템이 장착된 컴퓨터나 노트북을 이용한다. 장소가 협소하거나, 휴대용으로 프로그램이 장착된 탭을 활용하기도 한다.

훈련은 BQ Test에 포함되어 있는 그림 색칠하기 분석 프로그램으로 휴식, 주의력, 집중력 각기 1분씩 측정하여 가장 낮은 점수를 훈련모드로 채택, 일주일에 2회 혹은 3회, 1회 훈련시간은 30~40분정도, 훈련방법은 헤드밴드에 부착된 가운데 전극인 FPz 부위를 전전두부인 이마 정중앙에 오도록 머리에 적절한 세기로 매고 좌측 귓불에 기준전극을 연결한 다음 헤드폰을 장착한다.

그림 색칠하기(mind picture) 프로그램은 각성 시 활동상태(휴식, 주의력, 집중력)를 반영하는 알파파와 SMR파, 저베타파의 상대적 비율을 분석하여 피검자 자신의 뇌상태에 관한 조절능력 파악이 가능한 프로그램이다. 피검자가

피드백한 뇌파 중 상대적 비율이 가장 적은 주파수가 피검자의 훈련모드가 된다.

안정을 취한 후 긴장이완훈련으로 '컵 만들기' 게임을 실시하였고, 그 다음은 주의력 훈련으로 '활쏘기' 나 '행성 기억하기' 게임 등을 실시한다. 게임형식으로서 흥미유발, 주의집중력, 긴장이완을 도와주는 시스템이며 거울을 보고 잘못된 자세를 교정하듯이 모니터를 통하여 뇌파정보를 직접 눈으로 보면서 뇌신경 네트워크를 발달시키는 훈련이다. 주의사항으로는 편안한 자세에서 움직임을 최소화한다. 뇌파측정과 프로그램은 다음과 같다.

〈뇌파측정과 뉴로피드백 훈련 프로그램〉

soft & hard	뇌파측정	준 비 Spectrum
		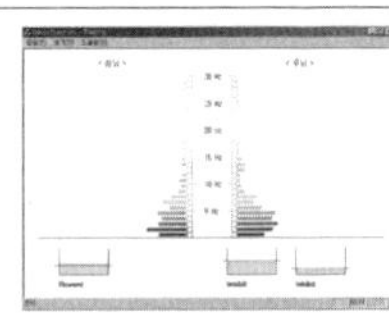
이 완	각 성	기억력
컵	화살	행성
	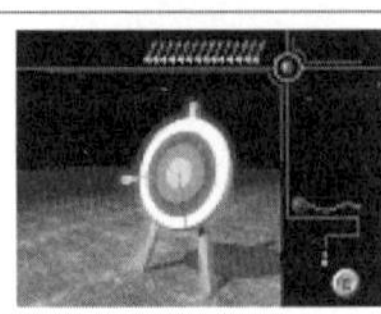	

뇌파

우리 아이의 현재는 어디쯤에 있을까?

우리의 생각과 행동은 모두 뇌의 통제를 받고 있다. 인간의 뇌에는 신경연결고리인 시냅스(synapse)가 대략 100조 개가 있다. 이 복잡한 조직망에 따라 신경이 밀접하게 연결되기도 하고 단절되기도 하며, 잘못 연결되기도 한다. 일정한 기능 발달기능은 서로 어울려 조를 이루어 특정한 기능을 수행한다.

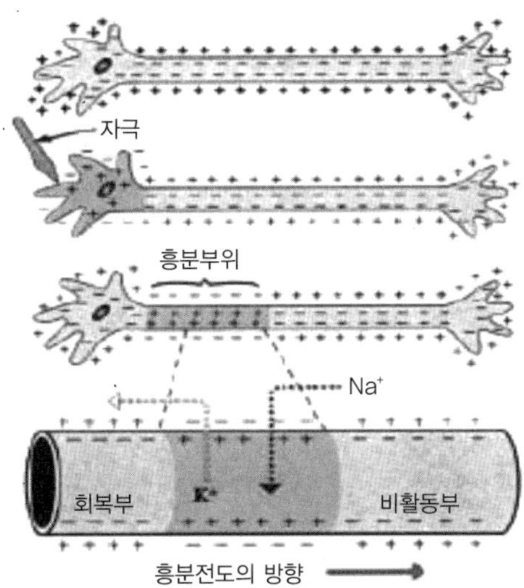

〈전기적 신호〉

인간의 뇌에서 일어나는 변화는 기능적인 측면에서 어떠한 결과를 낳게 된다. 아이들은 언어도 성인과 다르게 처리하고 위험을 판단하는 방식도 다르다. 운동조절, 충동에 이르기까지 거의 모든 영역에서 변화를 겪는다. 이는 중추신경계의 변화로 인한 것인데, 아이들의 뇌변화는 어떤 방식으로든 밖으로 드러나게 된다.

뇌 영상기술로 인간의 뇌 속을 볼 수 있게 되었지만 그것이 뇌의 전부를 알 수 있게 해주었다고 볼 수 없다. 인간의 뇌는 여전히 수많은 베일로 싸여 있기 때문이다.

그래서 인간의 뇌에 대한 연구는 이러한 영상장치를 이용하는 것만 있는 것이 아니라 다양한 방법으로 접근되고 있다. 그 중에 대표적인 방법이 인간의 생체신호, 그 중에서도, 특히 뇌가 보내는 전기신호를 통해서도 보는 것이다. 뇌의 신경세포가 활동함에 따라 나오는 "전기적 신호"로 뇌의 활동성을 대변해 주는 것이 뇌파이며 일명 뇌전도(EEG : Electro Encnphalo Gram)라고도 불리운다.

뇌파는 뇌활동의 지표 혹은 뇌세포의 커뮤니케이션 상태를 나타내며, 뇌파측정은 객관적, 비침습적, 연속적으로 간단하게 두뇌기능 상태를 실시간으로 평가할 수 있는 매우 우수한 신경과학적 검사법이라 할 수 있다(김대식 · 최창욱, 2001). 또한 뇌파는 뇌의 부위별로 그 기능이 세분화되어 있어 의식상태와 정신활동의 유형에 따라 수시로 변하며 특정한 패턴으로 나타난다.

따라서 뇌파의 패턴은 현재의 정신건강 상태를 나타내는 중요한 지표가 된다. 뇌파는 뇌의 활동상태와 활성상태를 보여주는 중요한 정보를 가지고 있으며, 의식상태와 정신활동에 따라 변하는 특정한 패턴이 있다. 인간의 뇌에서 나오는 뇌파는 표와 같다.

그림은 본 서에서 활용한 뇌파측정 프로그램이다. 이 프로그램은 비전문인도 쉽게 판독가능하게 변환되어 있

〈뇌파의 종류와 특성〉

뇌파종류	상 태	파장대	의식상태
델타(δ)파	↑ 서파	0.1 ~ 3 Hz	깊은 수면, 뇌 이상상태
세타(θ)파		4 ~ 7 Hz	수면상태
알파(α)파		8 ~ 12 Hz	이완 및 휴식 상태
SMR		12 ~ 15 Hz	주의상태
낮은 베타(β)파	속파 ↓	16 ~ 20 Hz	집중, 활동상태
높은 베타(β)파		21 ~ 30 Hz	긴장, 흥분, 스트레스 상태

다. 안정적인 뇌파에 비하여 불안정한 뇌파는 서파가 많이 출연하여 전체적인 그림이 과활성화되어 있다.

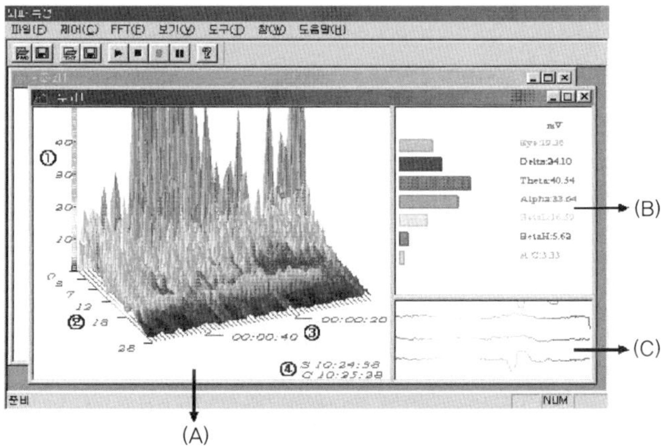

〈뇌파측정 프로그램〉

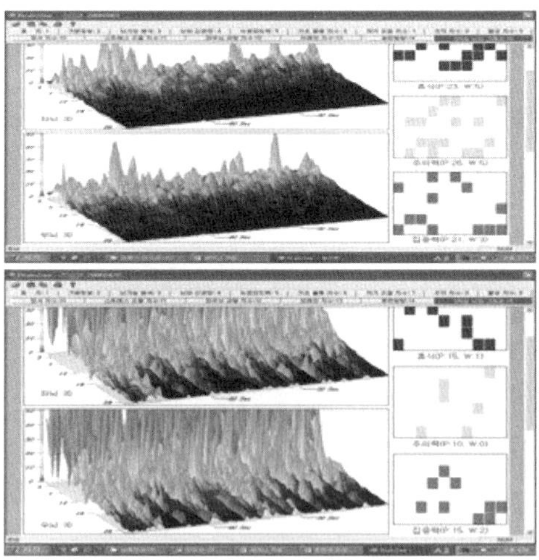
〈안정적인 뇌파와 불안정한 뇌파〉

뇌의 구조적 변화가 일어나야 한다

컴퓨터의 정보들이 네트워크로 연결되어 정보를 손쉽게 주고받을 수 있듯이 우리의 뇌도 치밀한 신경네트워크로 이루어져 있다. 공부를 잘 하는 아이들의 뇌는 초고속 통신망과 같이, 신경네트워크가 잘 구축되어 있으며, 정보들이 원활하고 빠르게 이동할 수 있도록 만들어져 있다.

그 예로, 아인슈타인 뇌는 보통 사람의 뇌보다 뇌의 주름이 많고, 신경전달물질의 이동 네트워크가 더 발달되어 뇌기능이 크게 발달되어 있다.

뇌를 바탕으로 한 학습능력이 중요하다

우리의 생각과 행동은 모두 뇌의 통제를 받고 있다. 또한 학습능력의 근본적인 배경은 뇌에 달려 있다. 학습능력이 계발된(훈련받은) 뇌는 집중력과 기억력, 창의력이 발달되어 문제해결능력이 뛰어나며, 또한 스트레스에 대한 저항력이 커져 학습과정을 오래 지속할 수 있게 된다.

뇌훈련은 뇌기능을 최적화하여 가장 효율적으로 활동하도록 하며, 자신의 뇌능력을 극대화하고, 좌 · 우뇌 균형을 맞춰 학습과 정서적인 안정을 잘 할 수 있는 뇌로 만들어 준다.

뉴로피드백 훈련은 뇌를 직접 보면서 훈련시킨다

- 뇌파를 측정한다(이를 통해 뇌의 상태를 볼 수 있다).
- 측정된 뇌파를 뇌가 보고 무엇이 잘못되어 있는지 스스로 판단한다.
- 그동안 경험해 보지 못한 올바른 상태를 느끼게 해준다.
- 뇌가 올바른 상태를 기억해서 계속 그 상태를 유지할 수 있도록 훈련한다.
- 초기에는 약한 신경네트워크가 만들어지고, 계속 훈련함으로써 넓고 굵은, 튼튼한 신경네트워크가 만들어진다. 이로써, 뇌의 구조, 뇌기능의 상태가 최적화된다.

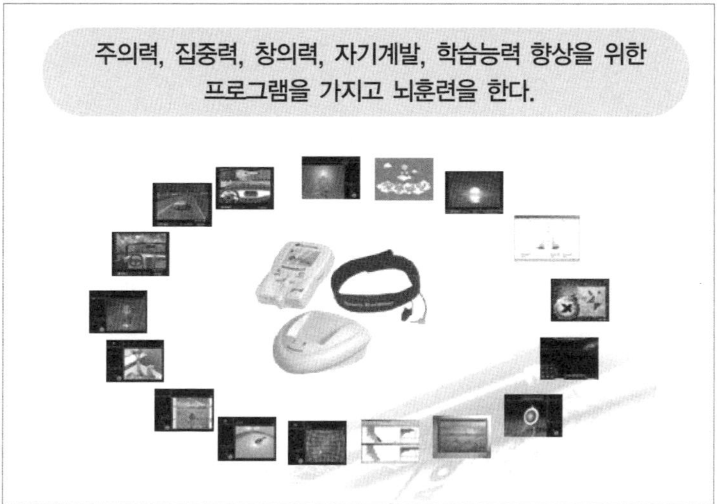

〈뉴로피드백 훈련 프로그램〉

뉴로피드백(뇌기능 분석훈련) 적응 프로그램

- 학습적 증진 프로그램 : 학업성적 향상, 우수한 학업성적은 지속적으로 유지시켜 준다.
- 집중력 강화 프로그램 : ADHD(주의력결핍 과잉 행동장애), 학습장애, 불안감 해소에 효과가 있다.
- 정신적 강화 프로그램 : 소극적이고 심약한 성격이 밝고 긍정적인 성격으로 변화, 자기조절능력 향상에 도움을 준다.

- 기분 및 행동조절 프로그램 : 불안심리, 사회성 부족, 규칙적인 숙면, 항상성 유지에 도움을 준다.
- Alpha/Theta 프로그램 : 인터넷 게임중독, 강박증, 교통사고 후유장애

뉴로피드백의 효과!

- 두뇌의 정보전달능력, 즉 이해가 빨라진다.
- 집중할 수 있는 능력이 강화된다.
- 생각이 깊어지면 판단력과 추진력이 향상된다.
- 상습적으로 두통을 호소하는 아이들의 두통이 치료된다.
- 소극적이고 심약한 성격이 밝고 긍정적으로 바뀐다.
- 스스로 자신의 행동과 생각을 조절할 수 있는 능력이 향상된다.
- 불안심리, 사회성 부족, 불규칙적인 수면을 도와 준다.

훈련 후 개선사례! 아이들의 표현

- 두통증세가 가벼워지고 사라졌어요.
- 아토피 피부질환과 비염이 경감되었어요.
- 짜증을 덜 부리고 부정적인 말이 줄었어요.
- 친구관계가 좋아지고 함께 잘 어울려요.
- 다른 사람의 눈치를 덜 보고 힘 있게 행동하게 되었어요.
- 자기 소지품을 잘 챙기게 되었어요.
- 책상에 앉아 공부하는 시간이 늘었어요.
- 읽은 내용을 전보다 잘 이해하게 되었어요.
- 암기력이 향상되었어요.
- 학습의지가 생겼어요.
- 전체적으로 성적이 향상되었어요.
- 자신감과 발표력이 향상되었어요.

5장

건강한 뇌와 신경전달물질

5장

건강한 뇌와 신경전달물질

뇌가 건강해지는 방법은

머리를 좋게 하는 뇌영양학

뇌기능의 활성화가 충분하게 이루어질 수 없는 최대의 원인은 어디에 있는 것일까?

생각지도 못한 함정이 숨어 있다는 것을 알고 있는 사람은 별로 많지 않다.

모든 엄마들은 아이를 똑똑하게 키우고 싶어 한다. 나아가 내 아이가 천재였으면 하는 꿈을 가지고 있기도 하다. 아이를 그렇게 키우고 싶은 것은 모든 엄마의 소망일 것이다. 그래서 엄마들은 다방면에서 시간과 돈과 노력을 아이들에게 투자한다. 그런데 정작 많은 엄마들은 아이의 영양과 식습관이 아이의 두뇌발달에 얼마나 중요한 영향을 미치고 있는가에 대해서는 간과하고 있다. 두뇌발달은 우선적으로 뇌에 공급되는 영양분이 무엇인가에 따라 상당히 좌우된다. 머리가 좋아지는 음식이 어디 있어? 라고 회의적으로 생각하는 엄마들도 있지만 머리가 좋아지는 음식이 있으며, 아이 두뇌발달에 도움이 되는 천재밥상은 있다.

일부의 엄마들은 아침을 거른 아이들을 학교로 쫓아 보내거나, 반대로 거창한 고단백식을 챙겨 주면 된다고 생각하는 큰 잘못을 짓고 있다. 이는 아이들의 뇌를 발달시키고 성적을 올리는 데 아무런 도움도 주지 못한다.

'언제, 무엇을 먹었는지에 따라 성격은 물론이고 머리의 좋고 나쁨까지 결정된다'

마음의 풍요로움도 뇌의 활성화와 무관하지 않다.

'식생활 습관의 차이가 아이들의 성격형성에 큰 영향을 주며, 식사내용에 따라 좌우된다' 고 할 수 있을지도 모른다.

뇌에 필요한 영양소

체내에 필요한 3대 영양소는 단백질, 지방 그리고 녹말과 같은 탄수화물(또는 당질)이다. 그리고 뇌의 구성성분으로는 지방 50~60%, 단백질이 40%, 기타가 10%정도이다.

뇌에 절대적으로 필요한 영양소로서 탄수화물은 뇌의 모든 활동 에너지원으로 사용되며, 단백질은 신경전달물질의 구성성분이다. 또한 지방은 축삭을 감싸는 수초(마이엘린)의 원료이며, 인지질은 뉴런막과 세포 내 소기관의 막의 구성성분이기도 하다.

따라서 바람직한 인체의 에너지 적정 섭취비율은 탄수화물이 55~70%, 지방이 15~25%, 단백질이 7~20%이라고 본다.

비타민과 무기질도 뇌에서 없어서는 안 되는 영양소다. 뇌의 에너지대사에 필수 영양소가 부족하면 우울증, 정서불안증, 기억력 감퇴, 흥분 초래, 피곤, 신경과민, 불안감, 기억력과 사고력 감퇴를 유발시킨다.

비타민이 뇌에서 하는 역할로는 비타민 B_1은 뇌의 에너지원인 포도당의 흡수율을 높여 주며, B_6, B_{12}는 신경전달물질 생성과 합성에 관여한다. 비타민 C는 바이러스 억제작용을 하여 산화적 손상을 많이 받는 장기의 항산화 영양소이며 뇌에서는 통합적 사고에 기여한다. 신경전달물질 합성으로 IQ 상승과 뇌량을 건강한 상태로 유지시켜 준다. 즉, 좌 · 우뇌 균형에 중요한 역할을 하며, 비타민 C가 부족한 산모는 태아의 뇌신경장애를 유발할 수 있다. 비타민 D는 칼슘과 인의 섭취를 올려 준다.

소량의 무기질도 뇌에서는 필수이다. 뇌신경전달의 기수칼슘을 들 수 있겠다. 아이들이 칼슘이 부족하면 집중력, 기억력이 떨어지며, 긴장이나 불안증이 되기도 한다. 신경주머니 터뜨리는 이온칼슘은 적정 유지의 시냅스 유입으로 원활히 하여 신경전달물질을 잘 방출하도록 한다.

뇌에 산소를 공급하는 철분은 결핍되면 인지능력이 떨어지고, 작업수행능력 감소, 육체적인 성장방해가 일어난다.

DNA, RNA 등 핵산 생합성 관여와 기억활동에 관여하는 아연은 학습과 성장에 관여하며 결핍 시 생체막 산화적 손상으로 수용체의 변질과 신경전달물질 수송에 장애를 초래한다. 아연 결핍은 구리의 과잉섭취가 원인일 수도 있다. 아이가 착하고 지나치게 순하여 부모 말씀 잘 듣는다고 잘 컸다고 보기만은 어려운 경우도 있겠다. 착하고 문제가 없는 것이 아니라 아연 결핍의 증상 중 심리적 성향, 기억물질 생성이 어렵고 소극적이어서, 적극적이고 외향적인 아이보다 잘 관찰하여야 할 경우도 있을 것이다.

K는 활동전류를 발생하여 활동전위를 유발시킨다. Mg은 신경흥분을 억제시켜 주며, 부족하면 부정맥이나 불면증, 우울증이 올 수 있다.

수은중독은 세포막의 수용체를 교란하여 적은 양으로도 피로를 잘 느끼며, 감정변화와 인격마비로 심하면 감각둔화와 혀나 손떨림, 언어장애, 기억상실이 오기도 한다.

납중독은 머리가 아프며 마음이 동요되어 쉽게 흥분하며 기억력과 집중력이 떨어진다. 감각기능과 지적 기능유지 장애가 오기도 한다. 산모나 아이들이 캔 식품이나 음료를 가능한 먹지 않기를 권유한다.

또한 술은 엽산이나 비타민 B_{12}, V-D의 흡수를 방해하며, 아이들의 흡연은 V-C의 흡수를 방해한다. 이 외에도 소량인 미네랄의 역할은 뇌에서는 꼭 필요한 영양소이므로 편식하지 않고 골고루 먹는 식습관이야말로 뇌가 일을 할 수 있도록 하는 최선의 방법임을 알아야겠다.

뇌와 포도당의 관계

체내에 필요한 3대 영양소는 단백질, 지방 그리고 녹말과 같은 탄수화물(또는 당질)이다.

이 3가지 영양소 – 몸의 활동력을 만들어내는 에너지원, 그러나 뇌는 다른 장기와는 달리 포도당 이외의 다른 영양소는 에너지원으로 이용이 안 된다. 우리 몸에서 뇌의 중량은 체중의 불과 2%에 지나지 않지만 에너지 소비량은 전체의 20%를 차지하고 있다.

몸 전체의 50분의 1에 해당하는 머리에 전체 에너지의 5분의 1정도가 집중되어 있는 셈이다. 사람의 근육과 피부를 합하면 그 무게는 체중의 52%에 달하지만 에너지 소비량은 불과 25%로 뇌의 에너지 소비량과 큰 차이가 없다.

사람의 장기 중에서 에너지 소비량이 뇌를 능가하는 기관은 어디에서도 찾아 볼 수 없다. 뇌세포의 에너지원은 오로지 당분뿐이라 해도 과언이 아니며, 뇌에 당분이 결핍되었을 때 지방산을 분해해서 에너지원을 삼기도 한다. 하지만 지방산이 분해되면서 혈액을 산성화시키고 활성산소라고 하는 노폐물이 20~30퍼센트까지 증가한다. 우리 몸은 불리한 방식으로 에너지를 만들려 하지 않는다.

밥을 통해 포도당을 지속적으로 에너지로 이용하고 싶어 한다. 그것은 생명현상의 기본이다. 뇌는 밥을 원하고 있다. 뇌의 밥은 포도당이다.

하루 세 끼 식사의 중요성

뇌로 들어가는 피를 3분 정도만 멈추어도 신경세포가 변성하여 원래의 상태로 되돌아가지 않게 된다.

뇌에 포도당을 원활하게 공급하기 위해서는 간장에 저장된 글리코겐에 의지할 수밖에 없다.

간장에 저장량은 대략 60g 전후인데 비해 뇌가 하루에 소비하는 500Cal라는 에너지량은 포도당으로 환산하면 포도당 1g이 약 4Cal에 해당하므로 하루에 약 125g이 필요하다.

뇌가 필요한 하루 120g의 포도당을 공급하기 위해서는 120÷40=3, 즉 하루에 최소 세 번은 식사를 해야 한다. 뇌의 에너지 소비라는 측면에서 올바른 식생활 습관을 재검토하는 일이 필요하다는 것

특히 아침식사는 더욱 중요하다. 바쁘거나 힘든 입시생의 경우 아침을 거르면 성적이 떨어진다.

뇌가 최선을 다해 일할 수 있도록 연료(음식물)를 공급해야만 한다. 음식은 신경세포나 신경전달물질의 원료이기 때문이다.

신경전달물질이라는 '첩보원'

신경세포는 일반적으로 세포체와, 거기에서 뻗어 나온 하나의 축색 그리고 세포체에서 여러 방향으로 뻗어 나온 수상돌기라는 세 가지 부분으로 이루어져 있다. 신경세포에서 발신된 신호의 방향은 항상 세포체에서 축색으로, 즉 중심에서 말단으로 향하고 수신방향은 반대로 말단의 수상돌기에서 중심의 세포체로 향한다.

정보가 하나의 신경세포에서 다른 신경세포로 전달되기 위해서는 한쪽의 축색의 끝부분이 다른 세포의 수상돌기와 접해 있어야 한다. 이 연락부분은 시냅스(신경접합)라는 특별한 구조를 형성하여 공간을 이루고 있다. 하나의 신경이 흥분하면 – 전기신호가 세포체에서 축색을 통하여 전달 – 축색말단에 이르면 거기에서 신경 특유의 화학물질을 시냅스 공간 속으로 방출 – 시냅스의 반대쪽에 있는 신호를 받는 신경의 수상돌기에는 이 화학물질만을 인식하는 수용체가 있다.

방출된 화학물질을 수용체가 인식 – 화학물질과 수용체는 열쇠와 열쇠구멍의 원리와 같이 결합하여 화학반응을 일으키면 그 반응이 반대로 수상돌기에서 중심으로 향하는 전기신호가 되어 세포체에 전달된다.

신경전달물질은 시냅스 공간으로 방출되는 화학물질을 말한다. 뇌의 특정 부위의 기능을 향상시키거나 저하시킬 수 있을까? – 신경전달물질이 뇌영양학의 최대의 과제이다. 신경전달물질의 비밀에 대하여는 뒷부분에서 다시 다루도록 하자.

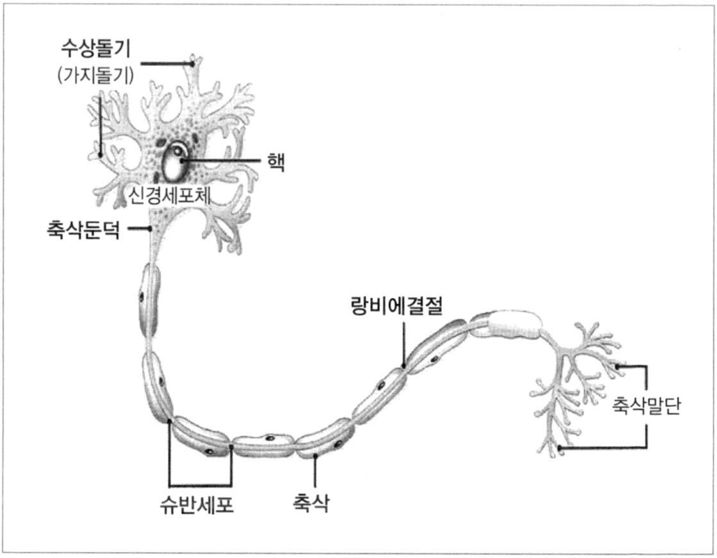

〈신경전달세포(뉴런)〉

머리 좋은 아이로 키우는 식단

3세까지 어떠한 음식을 먹이고, 어떠한 교육을 시켰는가 하는 점이 그 사람의 일생을 좌우하는 기본 성격을 결정한다고 하여 세 살 버릇이 여든까지 간다는 말이 있다.

인간의 뇌중량은 출생한 지 3년정도가 되면 성인의 뇌중량과 비슷해진다. 뇌발달에 있어 성인의 90% 수준에 도달하는 것은 생후 6세까지이다.

뇌영양학의 관점에서는 '6세까지의 영양이 머리의 좋

고 나쁨을 결정하게 된다' – 즉, '여섯 살 식사가 여든까지 간다' 라고도 할 수 있다.

박태환은 천식을 고치기 위하여 수영을 했다고 한다. 현재까지 100미터 달리기 기록은 자메이카의 우사인 볼트가 세운 9초 58이고, 스포츠 과학자들의 주장으로는 신체 구조상 9초 30이 인간의 한계라고 한다. 하지만 첨단공학과 연계하면 8초로도 진입이 가능하다고 한다. 하지만 아무리 단축해도 5초로는 안 될 것이다.

인간의 두뇌로 만든 반도체 능력은 1년에 2배로 증가한다. 반도체처럼 인간의 두뇌는 무한한 발전 가능성이 있고, 우리 아이들의 두뇌발달 가능성은 무한하다. 아이의 머리가 좋아지는 10대 요리와 마실거리로 다음을 추천한다.

10대 요리

현미 오곡밥, 두부야채 완자탕, 시래기 된장국, 들깨미역국, 견과류 백김치, 잣 호두 땅콩조림, 김 파래 무침, 등푸른 생선찜, 제철 나물 무침, 참깨 잣 두유와 강정

아이의 뇌가 좋아지는 마실거리

1. 아이의 기억력 향상 오미자 : 기억력 감퇴나 사고력 둔화 예방, 체력보강, 피로회복
2. 비타민과 칼슘 듬뿍 감잎차 : 머리가 맑아지며, 과민반응 자제, 자기조절능력 강화, 약산성 많이 마셔도 불면증에 걸릴 염려 없다, C와 칼슘이 레몬보다 20배, 성장기 아이의 골격 형성, 변비가 심한 아이는 피한다.
3. 허약체질의 아이에게 구기자차 : 피로회복, 노화방지 포도당과 아미노산의 흡수 촉진, 몸무게를 늘인다. 정신적 스트레스 해소에 좋으며, 설사나 열이 있을 때는 피한다.
4. 아이의 눈에 좋은 결명자차 : 소화를 돕고, 시력을 밝게 한다. 성질이 차므로 추위를 잘 타는 아이는 피한다.
5. 아이의 부족한 영양소를 공급하는 녹차 : 베타카로틴 C, E, 항암, 노화방지, 활성산소 억제
6. 아이의 건강증진 모과차 : 혈당상승 막는다, 수렴작용, 설사 막는다, 기관지염, 초기 감기 피로회복
7. 아이들의 배변에 좋은 둥글레 : 피부미용, 노화방지, 변비 예방

아이의 뇌건강을 지키는 밥상머리 교육

밥은 엄마가 준다. 밥을 거부하는 아이들의 일부는 엄마에 대한 불만을 밥을 통해 표현한다. 밥은 소통의 매체인 것이다. 부모가 밥을 중요하게 여기고 밥이 삶의 기본이라 생각한다면 아이들도 그렇게 믿고 성장할 것이다. 아이들은 철저히 '부모만큼'이며 부모의 모든 것을 따라 배우며 '물드는' 존재다. 지금의 젊은 엄마세대들이 밥이 중요하거나 귀하다는 생각을 하기는 쉽지 않다. 밥을 해먹는다는 것은 번거로움의 상징이고 남편과 자식들이 있어 애써보지만 손에 익숙하지 않은 일들은 스트레스만 안겨준다.

젊은 엄마들이 느끼는 육아와 관련해서 가장 큰 부담은 좋은 교육환경을 제시해 주어야 하는 것보다 더 근본적으로 어떻게 먹이고 키워야 하는 문제다.

건강한 밥상은 아이만 건강하게 하는 것이 아니라 엄마의 삶도 건강하게 해준다. 아이가 밥을 좋아할 수 있는 것은 엄마가 좋아야 가능한 일이다. 밥을 먹는 것은 축제의 시간이 되어야 한다. 뇌는 외부자극과 훈련에 의해 성장한다. 누가 뭐래도 엄마가 해준 음식은 평생 최고의 음식으로 기억되는 밥이다. 거기에는 사랑과 정성이 있기 때문이다. 그리고 엄마가 채소를 좋아해야 아이도 채소를 좋아하며 엄마가 기름진 것을 싫어해야 아이도 싫어한다. 또한 엄마의 편식이 아이의 편식을 부른다.

욕심을 낸다면 인성교육의 가장 기본은 밥상머리 교육일 것이다. 어른을 공경하는 마음이 식탁에서부터 이루어져야 할 것이다. 맛있는 음식이나 식사를 시작할 때, 어른들이 먼저 드시게 하는 습관이 길러진 아이들이 성공을 향한 좋은 습관과 태도일 것이다.

- 아침식사는 꼭 먹는 습관을 길러 준다.
- 꼭꼭 씹어서 먹는 습관으로 턱뼈와 치아건강 유지
- 식사는 집에서 하라.
- 제때 먹이고, 가능한 간식은 피한다.
- 식용유에는 미네랄이 부족하므로 가능한 참기름이나 들기름을 사용하라.
- 억지로 먹이지 않으며, 활동량이나 섭취량을 체크한다.

뇌발달에 좋은 식품

식품종류		효 과
달걀		기억력 향상
등푸른 생선		• DHA 듬뿍 • 학습기능과 기억력 증진
호두	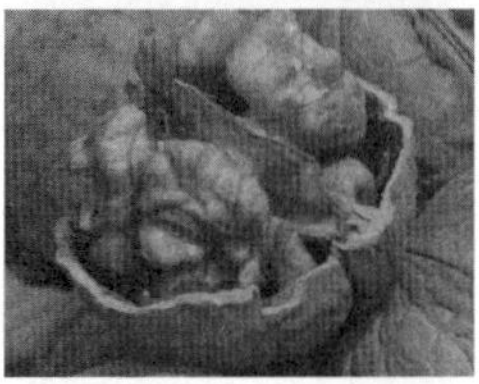	• 뇌자극과 노화 억제 • 오메가 – 3 지방산 풍부 • 학습능력과 시각능력 개선 • 인지능력 향상 • 하루 2~3개 효과
가바차 녹차가바차 (카테킨, 데아닌)		• 뇌의 산소 공급 증가 • 뇌세포대사 촉진 • 뇌파조절로 α–파 증가시켜 집중력, 암기력, 기억력, 창의력 등 학습능력 향상 • 정신적 긴장과 스트레스 해소시킴
인삼		• 신경정신 관련 증상 예방 • 신경보호 효과 • 해마의 가소성을 높여 단기기억, 장기기억 촉진

검은깨 들깨 아마씨		• 인지력과 기억력 증진에 탁월 • 검은색(안토시아닌, 세사미놀) • 성분은 항산화기능 • 비타민 B군, 철, 아연 풍부 • 학습능력 증진 • 뇌졸중, 치매 예방 • 혈액순환 개선, 기억력 증진
카레 (커큐민)	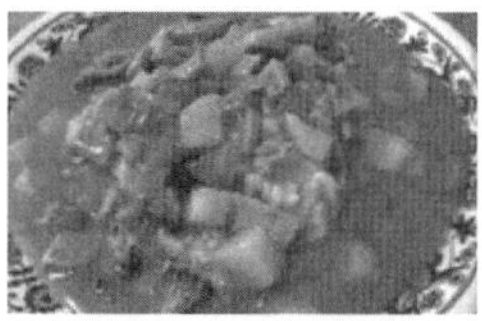	• 인지능력 개선, 뇌세포 건강 • 기억력 증가 • 강력 항산화제
검은콩	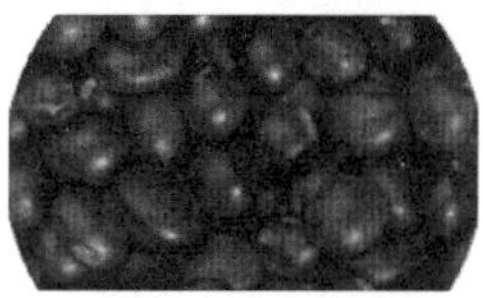	• 뇌에 해로운 산화물질 제거
마늘		• 체력과 기억력 회복
시금치 브로컬리		• 뇌대사 원활, 면역력 향상 • 항산화 효과 뛰어남 • 기억력 감퇴 억제
석류	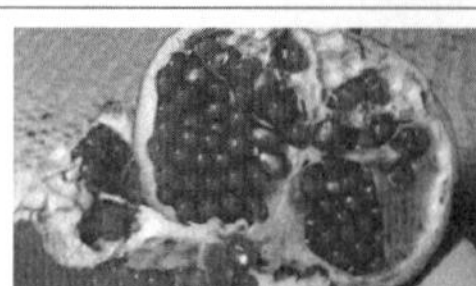	신경보호로 뇌기능 원활

신경전달물질(뇌화학물질)의 비밀

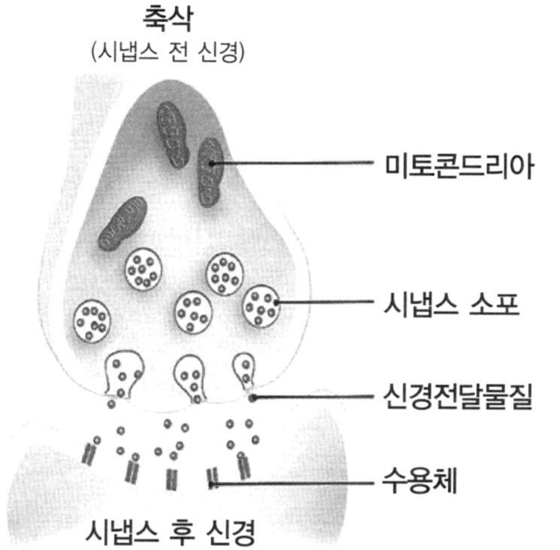

〈시냅스와 뉴런을 연결하는 신경전달물질〉

다른 자연세계와 인간을 구분하는 기관이 있다면 그것은 뇌일 것이다. 진정으로 인체의 기능을 이해하고 그 기능을 향상시키기 위해서는, 우선 뇌가 어떻게 작동하는지 알아야 할 것이다. 건강으로 가장 첫 걸음은 가장 작은 크기의 유전자(DNA)에서 시작된다. 이 유전자들은 뇌의 화학반응을 유도하며 전기가 몸 전체를 돌아다니게 한다. 결과적으로 뇌의 화학작용은 건강의 주요 영역인 주의력, 체질과 성격, 신체건강에 영향을 미친다. 우리가 서로 다르다는 것을 강조하곤 하지만, 생물학적으로 보면 우리는 정말 똑같다.

DNA는 우리의 행동과 신체기능을 결정하지만, 그것이 우리를 유일무이하게 만드는 핵심은 아니다. DNA는 정보를 전달하는 우송체계에 불과하고 그 체계는 전기에 의존한다. 전기 콘센트가 벽 속에서 작동하는 것과 같은 방식으로, 뇌가 몸과 연결되어 있다고 생각해 보라. 이와 거의 같은 방식으로, 뇌는 전기가 몸 전체를 돌아다니게 한다. 뇌가 인격을 유지하고 건강을 조절하면서 몸에 연료를 공급하는 것이다. 전기콘센트와 플러그가 연결되는 곳, 혹은 뇌와 몸이 만나는 지점이 균형적이어야 하겠다.

뇌는 인체의 최대의 전기 발생기이다. 뇌의 기능, 인체 전기의 생산, 그리고 뇌와 몸의 전달관계를 결정하는 요소에는 정보를 처리하는 능력, 강도, 속도, 리듬, 균형 등이 있겠다. 뇌는 이처럼 전기적 충전을 통해 몸의 움직임을 조절하고, 호흡을 통제하며, 배고픔, 아픔, 슬픔, 행복을 느끼게 한다. 하지만 이 전기도 흐르는 길이 없으면 무용지물이다. 우리는 각자 수백 조 이상의 신경세포와 신경세포의 공간, 즉 시냅스를 지니고 있다. 신경세포의 축색돌기는 이 시냅스를 건너 다른 신경세포의 수상돌기와 접속하기 위해 신경전달물질을 이용한다. 이처럼 시냅스를 거쳐 다양한 수용체로 이동하며 전기를 흐르게 하는 것이 신경전달물질이다. 수용체들은 한 구멍에 하나밖에 들어가지 않는 장갑 안의 손가락들과 같다. 각 신경세포가 특정 신경전달물질을 생성하고 보내고 받도록 정확하게 계획되었을 때 뇌와 몸은 원활히 소통하게 된다.

이 신경전달물질의 자연스러운 흐름이 육체적 · 정신적 건강의 열쇠이다. 흐름이 과도한 경우 시냅스가 넘쳐 신경세포의 신호가 다음 신경세포로 이동하지 못하게 된다. 반대로 흐름이 부족한 경우, 그 신호는 어느 곳으로도 이동하지 못할 수 있다. 우리 몸은 이 신경전달물질의 과다나 결핍에 반응하여 지치거나 아예 작동을 멈추어 정신적 불안정이나 산만함, 지나친 행동들이 발생한다.

개개인을 특징짓는 주요 신경전달물질은 도파민(Dopamin), 아세틸콜린(Acetycholine), 가바(GABA), 세라토닌(Serotonin) 등이 있다. 각 신경전달물질은 뇌파로 전달되는 독특한 전기적 패턴을 일으킨다. 각 뇌파와 이들 뇌파 간의 상호 연관성을 연구함으로써 우리가 경험하는 다양한 정신적 · 육체적 증상에 대한 정보를 알 수 있다고 앞에서 이미 설명하였다. 일반적으로 위의 네 가지 신경전달물질들이 균형을 이룰 때는 문제 될 것이 없으나 결핍되거나 균형이 깨어지면 아래의 증상들이 나타난다.

도파민은 운동, 주의, 학습에 영향을 미치며 균형이 깨지면 사람들과 어울릴 에너지가 부족하여 사랑, 기쁨, 슬픔, 분노의 감정을 잃어버린 듯이 보인다. 주의력결핍장애 증상을 보일 수 있고, 사회성이 부족하기도 하며, 파킨슨병과 정신분열증의 원인이 되기도 하다.

아세틸콜린은 해마에서 집중적으로 발견되기 때문에 기억에 관여한다. 학습장애의 원인이 되기도 하며, 작은 스트레스에도 영향을 받으며, 객관적인 판단능력이 부족하게 된다.

가바는 안정과 관련되며 균형을 이룰 때는 타인의 요구를 잘 알아차린다. 부족할 경우 분위기, 관계, 정체성, 욕구 등을 잘 통제하지 못한다. 충동적이거나 폭력적인 성향이 있을 수 있다.

세라토닌은 각성, 수면과 꿈, 기분 등에 관여하며, 부족하면 감수성이 부족해지며, 변덕이 심하거나, 우울, 부정적인 경향을 띠게 된다.

관리를 위해서는 약, 호르몬, 비타민과 영양제, 식이요법, 생활습관, 환경, 뉴로피드백 등이 있다. 가장 빠르고 강력한 수단은 약이나 호르몬요법이라고 볼 수 있지만 처방약은 부작용을 초래할 수도 있다. 자가처방을 삼가며 항상 의사의 감독 아래 이루어져야 한다. 호르몬요법은 많은 연구와 임상사례가 긍정적인 효과가 있다고 주장되고 있다. 또한 식이요법은 지속적이고 안정적인 수단으로 평가되고 있으며, 가정에서 엄마의 노력에 의하여 아이들에게 큰 영향을 미칠 수 있다. 여러 가지 방법이 대두되고 있으나 현재로써 가장 과학적이며 객관적인 지표는 뇌파측정을 통한 뉴로피드백의 효과라고 하겠다.

신경전달물질의 식이요법

도파민은 아이들의 에너지이다

티로신이라는 아미노산이 도파민의 합성에 쓰인다. 도파민 결핍은 학습에너지의 소실이다. 티로신이 많이 함유된 음식은 닭고기, 오리고기, 생선, 두부, 치즈, 죽순, 참깨 등이다. 도파민 결핍에서 벗어나고 싶다면 정제당과 정제밀로 만든 제과류와 카페인 음료를 삼가는 것이 좋겠다.

아세틸콜린은 아이들의 창조성이다

카르니틴이라는 아미노산이 아세틸콜린의 합성에 쓰인다. 결핍으로 인한 증상이 뚜렷하게 나타난다. 아세틸콜린 결핍은 기억력 감퇴를 가져온다. 콜린은 본질적으로 몸에 흐르는 전기(신경정보)가 외부로 세지 않고 뇌의 속도를 빠르게 유지하기 위하여 신경세포막을 보호한다. 콜린이 많은 식품으로는 소고기 살코기, 소간, 계란 노른자, 연어, 아몬드, 양배추, 마늘, 김 등이다. 콜린이 많은 식품은 주로 지방이 많은 식품이며, 무리한 다이어트나 살이 마른 아이들은 콜린이 부족할 수 있다.

가바는 아이들의 안정감이다

글루타민이라는 아미노산이 가바의 합성에 쓰인다. 가바의 부족은 초기에는 무심히 넘길 수도 있다. 가장 먼저 오는 증상으로 두통, 트림, 짜증, 어지러움, 불면 등이 온다. 급기야 숨이 차고, 손발이 차며, 수면장애 등이 오기도 한다. 글루타민이 많은 음식으로 동물의 내장(간), 통밀, 야채, 오렌지, 토마토, 버섯류 등이다.

세라토닌은 아이들의 즐거움이다

트립토판이라는 세라토닌의 합성에 쓰인다. 세라토닌은 휴식하고, 재생하며, 평정을 찾을 수 있도록 해준다. 뇌의 자체적인 충전능력이라고 하겠다. 긍정적인 사고나 마음을 유도한다. 부족하면, 심하게 소극적이며, 열등감, 우울, 불면 등이 오는 아이도 있다. 트립토판이 많은 음식으로는 바나나, 맥아, 치즈, 메밀, 우유, 요구르트 등이 있다.

6장

성별에 따른 뇌의 특징 차이와 효과적인 교육법

6장

성별에 따른 뇌의 특징차이와 효과적인 교육법

성별에 따른 뇌의 특징차이

한 개인에게 주어진 역할 가운데 항상 전전긍긍하게 되고 책임감에 대한 추궁을 가장 많이 받는 역할이 부모라고 생각한다. 그래서인지 서점에 나가보면 '부모 역할 지침서' 가 많이 나와 있다. 자식을 성공시킨 자전적 글부터 바로 적용할 수 있는 행동지침들, 종류와 내용도 다양하다. ‘몰라서 못하나’ 라는 푸념으로 책을 덮을 때가 적지 않다. 그 구체적인 지침 하나하나가 아이들의 뇌발달과 성별 특징에 대한 지식을 가진다면 더 큰 도움이 되리라 기대한다. 또한 그 동안 아이들의 성차를 인정하지 않고 존중하지 않았기 때문에 문제가 있었다고 본다. 갑자기 키가 크고 몸에 털이 나기 시작하는 것처럼 그들의 뇌 속에도 어마어마한 공사가 진행 중이다. 아이들의 뇌와 성인의 뇌가 어떻게 다른지를 알아야 할 것이다. 요즈음 아이들은 부모세대가 유아기나 사춘기 시절에 겪었던 것과는 근본적으로 다르다.

자식의 친구가 되어줄 생각에 골몰하다 보면 때로는 부모라는 사실을 잊게 된다고 하였다. 흔히들 문제부모가 문제아이를 만든다고 하였고, 벌을 줄 때도 성별과 나이를 고려하여야겠다.

찾고 쫓는 영아기의 뇌, 움직이지 않으면 죽을 것 같은 유아기의 뇌, 잠이 없고 위험을 감수하는 10대들의 뇌 특징 등을 들 수 있겠다.

유아 여자 아이들에게는 피해자 중심의 유도기법을 적용하는 것이 바람직하겠다. 예를 들어, 남을 때려서는 안 된다보다는 '만일 어떤 아이가 너를 때린다면 네 기분은 어떠하겠니?' 등. 남자아이는 유도기법이 효과적이지 않으며 언어적 징계와 강제적인 타임아웃을 시행해야겠다. 아이의 볼기를 때리는 것도 적절한 방법이다.

유치원이나 초등학교 저학년 아이들에게는 특전철회라는 방법을 추가할 수 있다. 즉, 장난감, 비디오게임, 텔레비전 시청 등 이 모든 것이 노력해서 얻어야 하는 특전들이다. 동생의 장난감을 연못에 던졌다면 그날 오후에 있는 생일잔치에 가도록 허락해서는 안 된다. 많은 부모들이 별일이 아닌데도 자녀들에게 특전철회 처벌을 내린 후 자신이 내린 결정을 번복하는 실수를 저지른다. 이 나이의 자녀에게는 부모가 잘못된 행동에 처벌을 내리면 그것이 반드시 지켜진다는 것을 알려주어야 한다. 규칙에 관한 한 자녀와 협상해서는 안 된다.

9~14세 이 나이의 소녀들에게는 또래들의 압력이나 공감대를 가장 중요하게 생각한다. 바람직하지 않은 그룹이나 친구에서 빼내는 것이 방법일 것이다.

14~18세의 청소년기에는 부모가 자녀들에게 권위를 행사하기는 그 어느 때보다 힘들다. 10대의 뇌는 독립운

동 중이라 했던가? 10대의 뇌는 완전 두 개의 시스템으로 운영된다. 충동적이며 친구들과 함께 있을 때 2배의 자극을 받는 편도체의 역할과 억제시스템(마치 브레이크)의 작동인 전전두엽의 역할이 공존한다. 10대 소년의 뇌에는 쾌락중추가 어른이나 아이와 비교하여 거의 마비수준이다. 뿐만 아니라 다른 부모들과 연합전선을 펴는 것도 어렵다. 왜냐하면 이 나이대의 아이들에게 허용해도 좋은 일과 허용하면 안 되는 일에 대해 사회적으로 일치된 견해가 전혀 없기 때문이다.

남자의 뇌와 여자의 뇌는 다르다

3만 개에 달하는 인간 genome의 유전자에서 남녀 양성 변이로 인한 차이는 1%이다. 300여 가지가 다르다는 이야기이다.

성별 차이에 대한 현대적인 연구는 1964년 허버트 렌스텔에 의하여 여자와 남자의 두뇌조직에 해부학적인 성차가 있다고 보고하였다. 그리고 2004년 캘리포니아대학교, 미시건대학교, 스탠포드대학의 신경학자들이 밝힌 바로는 인간의 뇌조직이 남녀 간에 '내재적인 차이'가 있으며 여자 뇌와 남자 뇌의 단백질 합성과정이 전적으로 다르고 이는 성염색체에서 기인되었다고 증명하였다. 즉, 호르몬과는 상관없이 뇌조직에 근본적인 차이가 있다는 결론이다. 20여 년 동안 이루어진 연구결과 남자의 뇌는 구역에 따라 기능이 정해져 있지만 여자의 뇌는 기능이 넓게 분포되어 있다는 견해가 설득력을 얻게 되었던 것이다.

여자의 뇌는 X염색체로부터 더 많은 것을 받고 남자들의 뇌는 Y염색체로부터 직접적인 영향을 받는다. 뇌구조의 성차가 뇌의 기능 면에서도 차이를 불러온다는 것이다.

예를 들면, 남녀의 청력은 신생아 때부터 다르다. 여자아이들이 남자에 비하여 민감하다. 이처럼 타고난 청력의 성별차이로 인해 음악치료는 여자아이들이 더 효과적이다. 또한 여자아이들이 사람의 표정을 더 잘 읽는다. 얼굴을 바라보는 여자아기, 모빌을 쳐다보는 남자아기 그리고 소녀는 명사를 그리고 소년은 동사를 그린다. 흔히들 화성에서 온 소년, 금성에서 온 소녀하고 한다. 그만큼 뇌가 각각 다른 방식으로 작동한다는 뜻일 것이다.

남자아이와 여자아이가 좋아하는 장난감이 다르다. 여자들의 뇌세포가 남자들의 뇌세포보다 더 크기 때문에 더 많은 것을 받아들인다.

작업을 할 때 여자들은 고도로 발달한 대뇌피질을 활용하는 반면 남자들은 편도나 해마 등 원시적인 부분을 활용한다. IQ가 높은 남자들의 뇌는 IQ가 낮은 남자보다 약간 더 크지만 여자에게는 그런 공식이 적용되지 않는다. 더 지배적인 이론은 뇌크기가 전체적인 IQ와 상관이 없다는 이론이다.

소년과 소녀는 고통을 느끼는 정도가 다르다. 소녀와 여자들이 고통에 더 민감하다. 스트레스에 도전하는 소년, 스트레스를 피하는 소녀, 소녀들의 우정은 함께 있는 것, 함께 시간을 보내는 것, 함께 대화하는 것, 반면 소년들의 우정은 어떤 게임이나 활동에 대한 관심을 공유할 때 발전한다.

거짓말은 남자가 여자보다 훨씬 거리낌이 없다.

두뇌조직에 대한 해부학적 차이로 다른 점은 다음과 같다.

언어와 청각에 관련된 뇌중추의 경우 여자가 11% 더 많은 신경세포를 갖고 있다. 여자는 2만 개의 단어를 사용하며 남자는 7000개의 단어를 사용한다.

정서와 기억을 형성하고 유지하는 부분인 해마 상융기도 여자가 남자에 비해 더 크다. 분노를 억제할 수 있는 격막부분도 여자가 더 발달되어 있다.

생후 3개월 동안 상호응시에 관한 능력(관찰)을 비교하면 여아들이 400배 이상 증가한다.

좌 · 우뇌의 역할과 상호교류를 원활하게 하는 뇌량 역시 여자가 더 발달되어 있다.

당면한 문제에 집중하여 옳은 판단을 내릴 수 있는 전전두엽이 여자가 크며, 성숙도 1~2년 더 빠르다. 반면에, 행동과 공격성을 지배하는 뇌중추(편도)는 남자가 여자에 비해 더 크기 때문에 감정조절이 어려우며, 충동성이 높다. 하지만 인지적 공감과 방향감각, 관련자의 관점을 고려, 조합할 수 있는 두정엽은 남자가 발달되어 있다. 흔히 길눈이 남자가 발달되어 있다고 하는 원인이다.

남보다 앞서려는 욕구, 영역방어, 두려움 등 남자를 잠재적인 영역위협에 민감하게 만드는 배측 유두핵은 남자가 발달되어 있다.

남자가 감정을 조절하고 기본적인 사회적인 실수를 저지르지 않도록 막아주는 대상회 부분도 남자가 더 발달되어 있다.

시상하부에 위치한 성적 추구영역, 충동에 할애된 공간도 남자가 여자에 비해 2.5배 더 크다.

자폐스펙트럼장애나 아스퍼거 장애(사회성 결여와 같은 문제)의 경우 남자아이들이 여자아이보다 발생빈도가 8배 이상 높다. 슬픈 반응을 보이는 사람에게 남자들은 40% 반응하며 여자들은 90%가 반응을 보인다. 정서적인 이미지를 관찰할 때 여자들은 9개 영역과 좌 · 우뇌를 동시 사용하며, 남자들은 2개 영역과 한쪽 뇌만 사용한다.

동기부여의 중추라고 하며 동기보상을 유발하는 도파민을 생산하는 복측 피개영역이 남자의 뇌에서 더 활성화되어 있다.

이외에도 또 다른 영역과 신경호르몬의 작용에 의하여 반응차이가 나타나고 있음을 알아야 할 것이다.

행복한 뇌를 만드는 습관

'행복한 뇌' 란 무엇인가?

행복을 느끼는데 커다란 영향을 주는 것은 뇌의 상태이다. 뇌는 행복하게 되도록 프로그래밍되어 있다. 뇌에 모든 것을 맡겨버리면서 뇌를 소중히 여기고 뇌가 본래 가지고 있던 힘을 돌려주면 우리는 자연히 행복하게 될 것이다.

뇌가 가장 쾌적한 상태에 있을 때 해마라는 기억을 관장하는 부위에서 새로운 신경세포들이 생겨나는데 이것을 신생뉴런이라고 부른다. "뇌의 뉴런은 재생할 수 없는 거잖아?"라고 의문을 제기하는 독자도 있을 것이다. 20세기 말 그 의학상식은 전복되었다. 뇌의 신생뉴런이 성인이 되어서도 매일 생성된다는 사실이 밝혀진 것이다. 이 신생뉴런의 역할은 기억력, 사고력, 창의력을 높여주며, 나쁜 기억을 지워준다. 그리고 항우울제 작용이 있다. 때문에 스트레스는 신생뉴런의 천적이다. 해마를 새롭게 만들면 행복감이 상승한다.

뇌세포는 자극에 의해 진화하며, 놀랄 만한 자연치유력을 가지고 있다.

뇌를 향한 세 가지 애정표현은 식사, 수면, 자극이다.

다음은 아이들의 행복한 뇌를 만드는 습관들이다.

〈식사〉

1. 아침은 뇌의 온도가 내려간다. 아침식사를 하여 뇌의 온도를 높인다. 식사를 하면 체온은 0.5도 가량 상승한다. 뇌의 온도도 상승하므로 아침식사를 하는 것은 뇌를 워밍업하며, 뇌를 움직일 수 있는 에너지원인 포도당을 공급한다.
2. 천천히 식사를 해서 뇌에 포만감을 보낸다. 급하게 식사를 하면 포만감이 생기기 전에 더 많은 음식을 섭취하여 과식을 하게 된다.
3. 뇌에 있어서 육류는 뉴런이 정보전달을 하는데 있어 필수적인 영양소를 공급한다. 아미노산은 신경전달물질의 원료이며 신경전달물질의 유연성을 높인다.
4. 행복한 뇌의 척도인 화장실을 챙긴다. 배변을 잘하는 습관을 기른다. 불필요한 것을 체내에 남겨 놓으면 뇌에도 좋지 않다.

〈수면〉

1. 뇌가 흥분하면 잠들 수 없다. 우선 뇌의 긴장을 풀어 주도록 하자.
2. 수면부족은 뇌에 손상을 준다. 매일 6~8시간은 수면을 취하자. 그리고 수면의 질, 숙면이 더 중요하다.
3. 수면은 뇌와 몸의 기능을 회복시키고 성장시킨다. 또한 뇌는 수면학습(기억의 정착)을 한다. 뇌는 수면하는 동안 기억처리를 한다.

〈자극〉

1. 뇌도 땀을 내는 것을 좋아한다. 뇌의 트레이닝을 잊지 말자. 뉴로피드백이 뇌의 트레이너이며, 신경운동을 유도한다.
2. 뇌의 상태가 저조할 때는 논리적 사고를, 뇌의 상태가 좋을 때는 창조적 사고를 하라. 적당한 운동은 기억력을 향상시킨다.
3. 때로는 감정을 발산시켜라. 스트레스를 완화하면 뉴런은 성장하며 생성된다.
4. 너무 바쁜 나머지 심호흡을 잊고 있지는 않은가? 산

소는 뇌의 움직임을 활발하게 해준다. 뇌는 우리 몸에서 소비하는 산소의 25%임을 기억하자.

5. 즐거웠던 일을 뇌에 강하게 각인하자. 불행했던 기억을 뇌회로에서 삭제하자.
6. 사람의 뇌는 수퍼 컴퓨터를 초월한다. 비교할 수 없는 뇌의 힘을 발휘하자.
7. 꿈과 목표가 '행복한 뇌'를 만든다.

자녀의 성공지수를 높여주는 부모의 대화법

생각이 – 말이 되고 – 다음은 행동 – 습관 – 인격 – 운명이라고 하였다.

의식은 신경세포의 분자적인 행동이다. 믿음의 확신은 의식이 잠재의식에 보내는 강한 메시지 명령이다. 신경의학계에서 언어 중추 신경이 모든 신경계를 지배하고 있다고 발견하였으며 정설로 받아들여지고 있다. 말에는 마음이 있으며 뇌는 마음을 이해할 수 있다. 언어가 인간의 삶(행동)을 지배하며, 그래서 세상에서 가장 악한 것이 혀이며, 가장 선한 것도 혀라고 한다. 말은 살아서 움직인다. 절제된 말, 격려의 말, 축복의 말, 승리의 말, 매력의 말,

… 말이 씨가 된다. 가장 상처를 많이 받는 말로 인하여 인류의 95%가 열등감으로 고통 받는다고 하였다.

가장 부모와 자녀 입장에서 듣기 싫은 말이

자녀 : 네가 제대로 하는 게 뭐 있어?

부모 : 나한테 해준 게 뭐 있어요?

가장 힘이 되는 말은

"이 세상에서 네가 가장 소중하다."

"누구보다도 우리 부모님을 존경해요, 부모님 사랑해요라고 하였다."

자녀의 나이별로 성공 자의식을 심화시키는 대화법

〈유치원생 자녀의 성공지수를 높이려면〉

- 자녀가 남에게 알리기 싫어하는 일을 공개해 아이의 체면이 손상되지 않도록 주의한다.
- 부모가 성공습관을 먼저 실천해 자녀가 본받을 수 있게 한다.
- 부모가 자녀 앞에서 규범을 어기면 먼저 자신의 잘못

을 밝히고 옳은 것과 그른 것을 구분지어 설명한다.

- "안 돼! 하지 마" 등의 말로 아이의 도전정신을 함부로 꺾지 않는다.
- 너무 많은 학원수강 등으로 아이의 자유를 억압하지 말고 최소한의 권리는 보장해 준다.
- 부모가 먼저 바른 문장, 바른 발음으로 말한다.

〈초등학교 저학년생 자녀의 성공지수를 높이려면〉

- 거짓말이 습관화되지 않도록 한다.
- 친구나 형제 간의 싸움을 죄악시하지 않는다.
- 부모의 좋지 않은 몸짓언어로 자녀가 불안해 하지 않도록 주의한다.
- 시간개념을 익혀준다.

〈초등학교 고학년생 자녀의 성공지수를 높여주려면〉

- 자녀의 자율성을 존중하고 항상 대화의 길을 열어둔다.
- 자녀의 모든 요구를 들어주지 말고 들어줄 수 없는 일은 반드시 이해시키고 통제한다.
- 어린애라고 무시하지 말고 인격을 존중한다.

〈중학교 1, 2학년생 자녀의 성공지수를 높이려면〉

• 자녀의 성적 호기심을 자연스러운 것으로 받아들인다.
• 이성교제를 무조건 막기보다 이성교제를 하되, 지켜야 할 약속을 정해 지키도록 한다. 대신, 약속이 지켜지지 않으면 교제를 막는다.
• 방을 정리하지 않으면 잔소리하며 치워주지 말고 스스로 치울 때까지 기다린다.
• 자녀의 동의 없이 아이의 물건에 손대지 않는다.
• 공부와 동시에 채팅이나 음악감상 등을 즐기는 것에 대해 무리하게 통제하지 않는다.

〈중학교 3학년생 이상, 십대 후반 자녀의 성공지수를 높여주려면〉

• 잔소리를 절반 이상 줄이고 부모와 대등한 인격체로 대한다.
• 자녀에게 잘해 준 일로 생색내지 않는다.
• 자녀가 부모보다 잘하는 일이 있다는 것을 느끼도록 해준다.
• 자녀가 모든 갈등을 혼자 해결하고 스스로 제자리로 돌아올 때까지 간섭하지 않고 지켜만 볼 필요가 있다.

자녀의 마음을 열어 성공지수를 높여주는 대화실행 12단계

1단계 자녀의 보디랭귀지를 읽어라

2단계 자녀의 앵무새가 되라

3단계 자녀의 감정을 중계방송하라

4단계 마음을 움직일 만한 매력을 보여주어라

5단계 결론은 자녀가 내게 하라

6단계 안 되는 것은 끝까지 안 된다고 하라

7단계 '나'를 주어로 말하라

8단계 자녀에게는 무대언어를 사용하게 하고 부모는 스태프의 언어를 사용하라

9단계 자녀의 주변에 광케이블을 깔아라

10단계 앞에서 끌지 말고 뒤에서 밀어라

11단계 자녀의 용어를 배워라

12단계 해바라기가 되지 말고 장미가 되라

자녀를 망치는 엄마의 무의식적인 습관과 대화 12선

1. 아이 방문을 벌컥 열고 들어가기, 수시로 책상 뒤지기
2. 셋 셀 때까지 해! 하나, 둘...
3. 자녀가 친구 얘기하면, "그 친구는 공부 잘 하니?"
4. 끝까지 못 할 거면 하지마!
5. 했던 말 또 하고, 했던 말 또 하고
6. 조건부 시험 독려
7. 내가 왜 널 낳아서 생고생하는지 모르겠다
8. 너 때문에 못살아
9. 넌 커서 뭐가 되려고 그러니?
10. 아이의 부족한 점 깎아 내리기
11. 너한테 못 해준 게 뭐니?
12. 오늘 선생님이 뭐래?

7장

뉴로피드백 훈련사례와 연구결과 요약편

7장

뉴로피드백 훈련사례와 연구결과 요약편

훈련사례

다음의 사례들은 뉴로피드백 센터에서 훈련을 받은 부모들의 경험담을 정리한 글들이다. 아이들이 변하여가는 과정들을 참조하면서 우리 아이들의 현재와 미래가치를 어떻게 바꿀지를 생각해 볼 수 있는 계기가 되길 바란다.

임상 사례 송○○

바쁜 아빠의 무역일로 아이들이 어렸을 때부터 육아는 전적으로 내 몫이었습니다.

늘 부성이 결여된 상태에서 생활을 하게 되었고 작은 아이는 태어날 때부터 호흡기 질환에 시달렸고 매우 예민한 아이였습니다. 키울수록 아이들은 고집이 세고 자기 욕구가 강하고 타협이 잘 되지 않았습니다.

특히 분리불안감과 편집증이 나이가 들어가도 마찬가지였습니다. 급기야 큰아이도 초등학교 3학년 겨울에 심한 스트레스 증상이 나타났습니다. 남들이 하는 공부에 비하면 늘 탄력적으로 공부를 시켰는데 그마저 극복을 하지 못하고 학원에 데려다주는 차 안에서 앞자리를 발로 차고 주먹으로 유리창을 때리고 울어대는 증상을 멈추지 않았습니다.

점점 다혈질 성격을 많이 보이는데 참 힘들었습니다. 이대로는 안 되겠다 싶어 싫어하는 공부는 다 정리했지만 학원과 공부를 안 한다고 해서 스트레스 증상을 안 보이는 것은 아니었습니다. 남들보다 처지기 싫어하는 자존심에 공부를 안 하니까 그것 또한 불안했나 봅니다. 하기는 해야 되는 공부에 긍정적인 사고로 임하면 좋으련만…

그 무렵 뉴로피드백 뇌훈련을 알게 되었고 훈련을 하고 오는 날이면 감정조절을 하려는 움직임이 보였습니다. 점점 마음을 예전보다 느긋하게 가지는 것 같았습니다. 작은 아이 또한 강박증과 분리불안감이 심했습니다. 친구들과 놀다가도 자존심이 상하는 일이 있거나 상처를 받으면 상대방이 자기에게 나쁜 욕이나 모함을 했다는 상상을 해서 확정지어 말을 했답니다.

아니라고 부인하면 그 말을 인정할 때까지 집요하게 힘들게 합니다. 엄마에 대한 분리불안 또한 심해서 낯선 곳에 데려가면 엄마와 꼭 몸이 닿아있어야 안심을 했답니다.

아이들이 이쯤 되자 아빠랑은 더욱 이해관계가 되지 않고 잘못을 저지르면 아이들은 인정을 안 하고 아빠는 극단적인 방법으로 다스리기 일쑤였고, 그럴수록 아이들은 점점더 불안해 보였습니다.

안 되겠다 싶어 큰아이 먼저 시작한 뉴로피드백 뇌훈련을 지켜본 결과 작은아이에게도 꼭 해줘야겠다는 마음을 먹게 되었습니다.

아직 미흡하긴 하지만 큰아이는 다혈질 성격이 많이 줄었고, 공부도 어차피 즐거운 마음으로 하자는 내 말에 협조적입니다.

작은 아이는 아침에 일어나면 짜증이 심해서 가족들을 모두 힘들게 했는데 요즘은 전혀 짜증을 내지 않고 밝은 얼굴로 "엄마, 아빠 안녕히 주무셨어요?"라고 깜찍하게 인사를 한답니다. 부분적으로 자기조절력이 조금씩 보이는 것 같아 뇌훈련에 더욱 큰 기대를 확실히 기대하고 있다.

센터장 소견

훈련 전

뇌의 기능은 대체로 양호한 편이었으나, 폐안 시에 서파가 더 돌출되며 감정조절이 안 되고 휴식을 못 만들어내면서 뇌가 과부화된 상태 때문에 짜증이 많고, 과격한 행동을 하며 학습능력 또한 저조했다.

훈련 후

뉴로피드백 훈련의 효과를 아이들의 정서에서 무엇이라고 표현할까 궁금했었는데 어느 날 친구가 정서적으로 안정되지 못하고 감정조절이 안 되는 아이에게 "너도 뇌훈련을 받아야겠구나. 너는 나보다 훈련기간이 더 길어야겠구나." 본인의 말대로 "뇌훈련을 받은 후 화가 날 때 가슴에서 한 번 더 다짐을 하면 참아진다" 라고 했다고 한다. 이 표현은 뉴로피드백의 가소성과 효과를 단적으로 표현한 부분이다. 이 아이는 정서적으로 안정이 되면서 학습효과가 상당히 향상되고, 상도 많이 받았단다.

임상사례 우○○

어릴 적부터 기저귀가 젖어 있어도 울지 않았고, 아프다는 표현도, 자극에 대한 대항도 못하고 별로 웃는 모습을 보지 못했다. 첫 아이이고 항상 직장 일에 바빴기 때문에 우리 아이가 남과 다르다는 것을 알지 못했다.

지적 욕구는 강해서 나이에 비해 속진학습이 잘 되어 있다보니 유치원 아이들과 어울리지 못하고 유치원 자체에 흥미를 못 느껴 혼자 책 보는 것을 좋아하고(책을 보기 시작하면 2~3시간도 꼼짝하지 않는다), 자연스럽게 할 일이라고는 공부를 시켰다. 언제부터인가 우리 아이가 조금은 다르다는 것을 알았다.

지인의 권유로 뇌훈련센터에 상담을 받았는데 뇌기능 분석을 통한 결과는 내가 미처 느끼지 못한 부분과, 또한 막연하게 느끼고 있는 사실들, 정량적으로 분석해 나옴에 신기하였다. 역시나 나이에 비하여 뇌의 속도는 지나치게 빠르고, 자기조절지수라는 숫자는 최대편차가 28이란다. 뇌의 자율조절능력이 많이 떨어져 있었고 정신적인 산만도가 너무 높단다.

성향 역시 우울이라고 말하는 원장 선생님이 엄마가 받을 마음의 상처를 배려하는 조심스러움으로 훈련을 시켜 보면서 차츰 상담하고자 했다. 현재 세 달째 훈련을 받고 있는데 친구의 자극에 대처, 대응하고 또래와 놀 수 있고 감정표현이 되어지고, 무엇보다 눈을 맞추고 웃으며 명랑성향으로 바뀌었다.

올해에는 정규 유치원에 꼭 보내고 싶다. 좁은 눈으로 우리 아이를 정확하게 볼 수 없었는데 남과의 차이와 또 훈련을 통해 바뀌어가는 우리 아이를 보면서 감사하게 생각한다.

센터장 소견

훈련 전

영재성을 가진 5세 아이이다. 지나친 고등기능을 가진 뇌상태로서 학습에 대한 동기부여만 있고, 사회성이 떨어진 경우이다.

지나친 서파의 출현과 또래 뇌파형성이 되어 있지 않다. 훈련을 받기 싫어하여 교육사 선생들을 힘들게 한 아이였다. 지능적으로 약을 올리고, 성격 역시 짜증스럽고 웃지를 않았다.

훈련 도중 조는 경우도 많았다.

훈련 후

α파가 혼입이 되면서 남을 의식하고, 대응력이 생기고 감정표현도 하기 시작하였다.

이렇게 예쁘고 사랑스럽게 변할 수 있을까? 눈을 마주치고 웃고, 의사표현도 잘하고, 간식도 달랜다. 너무 예뻐서 뽀뽀해 달랬더니 1000일이 지나면 해준단다. 이렇게 변할 수 있음에 도리어 내가 더 감사하다.

임상사례 강○○, 강○○

나에게는 올해로 11살, 10살이 되는 예쁘고 착한 두 딸들이 있다.

얼마 전부터 나는 뇌에 관해서 관심이 생겨서 관련된 책도 읽어보고 또 아이들과 함께 관련된 프로그램에 참가해서 직접 보고 듣고 체험도 해보았다. 좋은 것 같아서 아이들에게 교육을 시켜주고 싶었지만 경제적인 부담과 남편의 반대로 포기하고 말았다.

그러다가 우연한 기회에 뉴로피드백을 접하면서 이곳과 인연을 맺게 되었다. 무엇보다도 뇌의 상태를 직접 찍어서 내가 눈으로 볼 수 있다는 것과 우리 아이들의 뇌파를 보면서 나는 강한 충격을 받았다.

예전에 내가 알고 싶고 궁금해하던 뇌를 허상이 아닌 직접 내 손 안에 데이터와 숫자로 보면서 또 원장님의 자세한 설명을 들으면서 "아 이거구나!" 하는 생각이 든 동시에 꼭 시켜야겠다는 생각을 하였다. 남편을 설득하여 시작한 것이 벌써 4개월이나 되었다. 처음 시작할 때는 반신반의 하면서 보냈는데 2개월을 넘기면서 문득 아이들의 집중력이 좋아졌다는 생각을 하였다. 내가 느낄 수 있는 계기가 된 것은 시작하고나서 기말고사 때였다.

그 전에는 매일 학습지와 문제집을 풀게 하곤 하였는데 내가 열심히 가르쳐 주고 본인이 한 노력에 비해서는 만족한 점수가 아니었다. 그런데 뉴로피드백 훈련을 다닌 뒤로는 시간이 없어서 겨우 숙제만을 하는 형편이었다. 그래서 사실 시험 성적은 기대를 하지 않았는데 예상 외로 점수가 올라서 기분이 좋았다.

생각해 보니 예전보다 책상에 앉아있는 시간은 짧은데 효과는 두 배로 나타나서 아이도 굉장히 기뻐하였다. 우리 둘째 아이는 책읽기를 싫어했는데 지금은 책을 열심히 읽고 있다. 책 한 권 읽히기가 무척이나 힘이 들었는데 이제는 두꺼운 명작도 금방 읽고 또 재미있어 한다.

요즘은 아이들 친구 엄마들을 만나면 나도 모르게 우리 아이가 다니는 뉴로피드백에 대해서 열심히 이야기를 한다. 아이가 산만하고 집중력이 떨어져서 바둑이나 시켜야겠다고 하면 나는 주저없이 여기를 한번 보내보라고 권한다. 가서 테스트를 받아보고 내 아이의 상태가 어떠한지를 파악해서 거기에 맞는 곳을 보내라고 설득하게 되었다.

엄마들이 모여서 영어학원은 어디를 보내고 수학학원은 어디가 좋다라는 말을 들을 때면 나도 모르게 조금은 조급해지지만 그것은 지금 당장 보내지 않아도 되지만 앞으로 우리 아이들이 뇌를 잘 쓸 줄 알고 활용할 수 있게 만들어준다는 믿음으로 흔들리는 내 마음을 다잡곤 한다. 그런 학원은 1, 2년 후에 보내도 늦지 않지만 지금은 센터에 다니면서 잠자고 있던 뇌와 새로운 뇌를 깨우치고 만들어 주는 것이 더 효과적이라는 생각을 한다.

지금 우리 아이들의 뇌를 깨워놓지 않으면 아무리 좋은 과외나 학원을 보내도 아무 소용이 없을 것 같다. 그래서 지금은 주변의 엄마들에게 내가 알고 있는 작은 정보라도 나눠 가지고 싶어서 많이 소개하고 있다. 내가 우리 아이들을 보내면서 느낀 점과 아이들의 행동과 태도가 조금씩 변하는 것을 보면서 보내기를 참 잘했다는 생각이 든다.

우리 아이만이 아니라 다른 아이들에게도 많이 소개해서 다 같이 좋은 뇌와 바른 품성을 가질 수 있게 해주고 싶다. 처음 상담했을 때 원장님의 말씀대로 우리 아이들이 롱런할 수 있게 해주고 싶기도 하다.

센터장 소견

훈련 전

두 아이는 지극히 평범하고 학교생활도 잘 하는 아이이다. 약간의 성향만 변화하여 미래가치를 높이고자 하는 엄마의 정성으로 시작되었다.

강○○ : 여리고 내성적, 동기부여가 없음

강○○ : 책읽기를 싫어하며, 언니와 지나치게 비교하고, 지나치게 욕심이 많음

훈련 후

강○○ : 적극적이고, 자신감이 올라가며, 반장도 하고 당연히 학습의 효과가 매우 커짐. 이완 프로그램이 양호한 편이었고, 지금은 화살이나 행성도 잘 만들어내고 있다.

강○○ : 안정이 되고, 책도 잘 읽게 되었고, 매사에 스트레스를 덜 받게 되었다. 화살점수가 양호한 편이었고, 이완 컵이 잘 안 만들어졌었다. 아직은 만족한 편이 아니다. 둘 다 진지하게 훈련에 임하고 있다.

임상 사례 김○○

저는 5학년 아들을 둔 엄마입니다.

세상에서 제일 힘든 일이 자식농사라고 했나요? 제 아들은 비염이 심하고 몸이 약해서 병원 및 한의원에 자주 다녔습니다. 의사 선생님께서는 공부를 잘하고 싶은 억압감이 스트레스가 되었고, 그 스트레스가 비염의 원인이 된 것이라고 하시더군요.

스트레스 및 비염을 이기기 위해서는 스스로 마음을 편히 갖는 것이 중요하다고 하셨습니다.

하지만 공부하러 책상에 앉아 있으면 집중하지 못하고 왔다갔다 하는 시간이 많았고 본인의 욕심이 있어 많은 시간을 공부하는 시간으로 투자해야 그럭저럭 성적을 유지할 수 있었습니다.

그러니 남들 볼 때 잘하는 것처럼 보였지만 본인은 힘들었던 것입니다. 그래서 속독학원도 알아보고, 다른 뇌호흡 학원도 알아보았지만, 공통적으로 하시는 말씀들이 5학년 남자아이들에게 나타나는 공통적인 반응이고, 꼭 대학입시 공부하는 아이들처럼 너무 힘들어 포기하는 아이들도 있다고 하더군요.

우리 아이도 심각하구나! 고민하던 중, 뇌훈련센터 원장님의 강의를 들어보았다는 친구의 권유로 별 기대 없이 찾아보게 되었습니다. 처음에 제 아이의 뇌파를 찍어 결과설명을 듣는데, 제가 고민하던 문제점들이 발견되어 굉장히 신기했고, 승부욕이 강한 제 아이가 처음 훈련 중 뇌파로 자동차를 움직이려 했을 때 마음만 앞서고 화를 내니 자동차는 절대 움직이지 않았습니다.

한참만에 마음을 편하게 하고, 다시 시도하니 신기하게 자동차는 움직였습니다.

성격변화에 큰 도움이 되겠다고, 생각하여 시작했는데, 거리도 멀고, 공부할 시간도 없는데 괜히 시간낭비 하는 건 아닌가, 또 아이가 힘들다고 해서 일찍 그만 두려 했습니다.

한 달 후 아이가 평소보다 적은 시간을 공부하였는데 시험성적이 좋게 나와 우연이라고 생각했지만, 석 달 후 아이가 책을 읽고 요점정리를 읽고 문제를 푸는데 전에 비해 굉장한 집중력을 발휘하는 것을 보고 깜짝 놀랐습니다. 더욱 놀라운 것은 자주 가던 병원에 다니지 않게 되었다는 점입니다.

어떤 것이 우리 아이를 변하게 했는지 저는 아직 믿어지지 않지만 신경질적이었던 저의 아이가 너무도 감사하게 편안해지고 공부하고 책 읽는데 거부감이 없어졌다는 것입니다. 성격변화를 위해, 목표를 갖고 공부시키기 위해 좋은 이야기를 해주고, 좋은 책을 읽게 하고, 좋은 곳을 견학시키고 했지만 결국 스트레스와 부담만 주었던 일들이 미안해지더군요. 뇌훈련센터에 정말 감사드립니다.

센터장 소견

훈련 전

학업성적이 상당히 우수한 아이이다. 성적에 너무 집착하고, 안정의 상태를 못 만들어내며 과도한 스트레스를 받아서 몸의 면역력이 극도로 떨어진 상태, 정신적인 산만도가 높은 상태, 가장 중요한 부분은 항스트레스의 지수의 향상이다. 훈련모드는 집중력.

훈련 후

과도한 스트레스 때문에 긴장하고, 추진력이 떨어져 있었으나, 집중력 훈련을 통해서 편해지고, 학업성적도 자기주도를 할 수 있고, 항스트레스 지수가 높아지면서 아토피나 비염이 호전된 경우이다.

임상사례 박○○

3월에 고 3에 올라가는 남학생을 둔 엄마입니다.

중학교까지는 공부는 상위권에 들어있었고 생활적인 면에서도 특별히 지적사항이 없었고, 환경적인 면에서도 양호한 편입니다.

학교에서나 학원에서나 또는 과외 선생님에게서도 크게 지적을 받지 않는 극히 평범하고, 모범생이기까지 한 아이인데, 고 1학년이 되고부터 차차 성적이 떨어지더니 고 2가 되면서 거의 하위권으로 밀려났습니다. 학원조차 보내지 않고 비싼 독과외도 붙여 보았지만 결과는 마찬가지였습니다.

언제부터인가 실망하면서 차차 미워지더니 파생되는 문제로 자주 언쟁이 오가고 부모-자식 간의 사이조차 나빠졌습니다. 차차, 무기력해지고 공부에 흥미를 잃어가는 아이를 보면서 안달도 해보았지만 역작용만 나고 급기야는 자포 자기한 상태였었는데 뉴로피드백 뇌훈련센터를 알게 되었습니다.

뇌기능분석을 통해서 정확하게 우리 아이의 상태를 알게 되었습니다. 책상에 앉아있었지만 잡념이 가득한 상태에서 공부 집중을 할 수 없었고, θ파와 SMR의 비율이나 기초율동주파수 역시 나이에 비하여 만족하지 않은 결과였습니다.

또 중요한 것은 중학교 졸업선물로 아빠가 시중에서 사준 엠○○를 계속 사용하였다는 것(잘 때는 꼭 끼고, 공부 할 때도, 노래들을 때도)이, 주의집중이 떨어지는 아이는 각성을 시킬 수 있는 속파를 발달시켜야 하는데 α파만 만들어내는 그 야말로 너무 무기력하게 만들었다는 원장님의 말씀에 학습향상이 되지 않음이 이해가 되었습니다.

여름방학 때 1주일에 2~3회만 훈련을 해도 된다는 것을 이거다 싶어 매일 보냈습니다. 과외나 학원에 빠지는 한이 있어도 뉴로피드백 훈련을 꼭 받아야 한다고 권유하였습니다. 집중력이 높아지고 차차 변화해가는 자신의 상태를 느끼면서 본인도 열심히 다녔습니다.

훈련 중 뇌파, 훈련 후 뇌파를 자주자주 상담해 주고, 한 달에 한 번씩 BQT를 통해서 결과를 통보해 주는 뉴로피드백 뇌훈련센터에 믿음이 갔습니다. 개학을 하면서 저녁시간 자율학습마저도 담임 선생님께 부탁 드려 빠지고, 뉴로피드백센터에 다녔습니다.

기말고사에서는 아직은 만족하지 않지만 영, 수, 국 중요 과목이 거의 20~30점씩 올라져 있습니다. 지금 또 겨울방학을 맞이하여 올해 3학년을 잘 보내기 위해 매일 같이 열심히 보내고 있습니다. 늦게나마 뉴로피드백을 알아서 우리 아이를 변화시킬 수 있음이 감사하고 만일에 대학시험 결과가 좋지 않아도 대학생활을 효율적으로 보내서 사회에 발돋음 할 수 있도록 계속 시킬 계획입니다.

센터장 소견

훈련 전

전체적인 뇌기능 지수가 낮았다. 기초율동지수(뇌의 속도)가 낮았으며, θ와 SMR 비율이 5:1, 4:1로써 주의지수가 낮았다. 뇌파 역시 잡념이 많아서 공부에 몰두하기가 어렵다. 자기조절지수 최대편차가 13으로 집중력이 낮아있었다.

훈련 후

기초율동 주파수가 올라갔으며, θ와 SMR 비율이 2:1 비율로 올라갔으며, 주의지수 역시 향상되었다. 뇌의 신경망이 활성화되어가는 과정에서 학습능력이 향상되었고 좀더 지속적인 관리가 필요한 아이이다.

처음에는 화살, 컵 둘 다 잘 만들어내지 못하였는데 처음에는 화살은 향상이 많이 되었고 컵은 부족한 상태였었다. 현재는 뇌의 고른 발달로 인하여 열심히 학업에 증진하고 있다.

임상 사례 박○○

자식보다 예쁜 것이 손자라고 생각합니다. 세상에서 가장 귀하고 소중한 손자를 보고 행복했었는데 커갈수록 기쁨 뒤편에 걱정거리가 생겼습니다. 커가면서 점점 산만하고 좋아하는 것만 하고 엉뚱한 행동을 하기 시작하였습니다.

오랫동안 대학에서 교육을 해 온 사람으로써 "어리니까"라는 말로 합리화시켜보았지만 점점 심하여지더니 선생님의 지적을 받기 시작하였습니다. 집에서도 그야말로 잠시를 가

만히 있지를 못하고 책상에 앉아서 5분 이상 몰두를 못하였습니다. 학교에 들어가면 나아지겠지 했는데 나아지기는 커녕 초등학교 3학년이 되었습니다.

병원에서 ADD, ADHD 검사를 받아보려고 할 즈음 정신과에 간다는 자체가 아이에게 또 하나의 상처가 될까 머뭇거리는 차에 제자를 통해 뉴로피드백 뇌훈련센터를 알게 되었습니다. 내가 찾던 것이 바로 이거구나 하는 기쁜 마음에 바로 두뇌교육사 과정을 마치고, 본인에게 임상을 하면서 나름대로 정리를 해나갔습니다.

손자가 부산에 있는지라 자주 볼 수가 없었는데 방학이라 1월 초에 1주일정도 만나서 훈련을 시키게 되었습니다. 훈련모드는 주의력, 훈련모드대로 하루에 30분정도를 시켰습니다. 1주일 후 다시 부산으로 내려 보냈는데 이렇게 고마울 수가. 단지 1분을 책상에 못 앉아 있던 아이가 30분 이상을 가만히 앉아있고 학원에서 선생님께 칭찬을 들었다고 전화가 옵니다. 일기장에도 나는 주의력이나 집중력이 왜 떨어질까? 왜 할머니, 부모님 걱정을 시킬까? 라고 적었답니다.

본인에 대한 지각이 생기고 초등학교 3학년이 가져야 할 정서가 생겨난 것입니다. 단지 7일 동안 훈련에 이렇게 변할 수 있다는 것이 너무나 신기하고, 감사할 따름입니다. 내가 사용하던 뉴로피드백 기계를 보내서 훈련을 시키고 있습니다.

손자를 위해서 내가 무엇이 아깝겠습니까? 내가 힘이 닿는 한 이 좋은 프로그램을 알리고 평생 해온 교육계에도 도움이 되고자 합니다.

임상사례 양○○

4세의 이 아이는 처음 센터에 뇌파측정을 하러 왔을 때 사무실 집기며 물건들을 떨어뜨리고 뇌파측정 하는 동안 잠시도 가만 있지를 못하여 몇 번의 측정을 시도하였다. 언어의 발음도 정확하지 않으며, 고집도 세고, 짜증이 많으며, 같은 일이나 행동을 10분도 못하다니 정말 걱정이었다.

어린이집조차 받아 주지를 아니 하였다. 너무 어리고 이 아이로 인하여 훈련센터 분위기가 엉망이 되어 센터에서 훈련을 시켜드릴 수가 없다고 하고, 약간의 교육을 시킨 후 집에서 직접 훈련을 시키도록 권유한 후 중간 중간 결과에 대한 자료를 가지고 피드백시키기로 하였다.

뇌파소견은 지나친 서파의 출현과 비활성뇌파의 전형적인 유형이었다. 휴식 훈련모드위주로 훈련을 시켰다. 짧게(15~20분) 훈련을 시켰으며 숟가락, 화살, 자동차게임 등 대체로 쉬운 훈련 위주로 시켰다. 가끔 훈련을 하려하지 않아 엄마를 애태우기도 한다.

훈련 후

뇌파소견과 뇌기능분석의 결과처럼 상당히 많이 좋아졌다. 우선 어린이집에서 생활을 할 수 있다고 하니 큰 발전이었다. 발음도 뚜렷해지고 어린이집에서 이루어지는 학습과 사회성에서 큰 문제는 없을 정도가 되었다. 아직도 불편한 부분은 집이 아닌 곳에서는 소변을 볼 수가 없다고 한다.

너무나 최선을 다하여 훈련에 임해준 아이의 엄마에게 용기를 주었고 더 좋은 쪽으로 갈 수 있다는 확신을 심어 주었다.

임상 사례 김○○

이 아이는 뇌에 대한 부모님의 관심이 지대하여 뇌와 관련된 타 훈련을 1년 정도 다닌 후 우리 센터를 찾은 경우였다. 처음 뇌파소견상 잡념이 많고 좌 · 우뇌의 균형에서 동시성이 많이 깨어져 있었다.

때문에 학습 시 집중력 부족으로 시험의 결과가 좋지 않은 경우였다. 감정의 기복은 심하였으며, 잘 우는 편이었다. 생활태도나 자긍심은 양호한 편이었다. 훈련의 자세도 적극적이었으며, 진지하게 훈련의 결과와 진행과정을 따라 주었다. 아이 치고, 특히 명상 시에 진지하였다.

훈련 후

정서적인 안정과 동기부여는 충분히 형성되어 있는 경우이기는 하나 짧은 시간에 호전된 경우이다. 훈련을 시켜 보면 적극적인 자세와 진지하게 하는 경우의 결과는 당연히 다르다는 걸 발견할 수 있다.

1달정도 훈련 후부터 치루어진 모든 시험에서 모두 100점을 맞았단다. 가장 좋은 결과는 자기주도학습이 가능하다는 것이다.

곧 3학년이 될 것이다.

사회성과 모범생의 자격을 겸비하여 반장이 되는 것이 가장 큰 꿈이란다. 대부분의 학부모들이 언제까지 다니면 되는지 궁금해하고 짧은 시간에 결과를 보고는 다니고 싶어하지 않는데 이 어머니의 경우는 6개월정도 다녔으니 그만 다녀도 된다고 하였는데 아니라고 더 다녀야 된다고 하니 뉴로피드백의 훈련효과는 유인력이 대단하다.

임상사례 이○○

이○○ 학생이 센터에 처음 오게 된 이유는 틱 때문이었다. 상담을 하면서 발견할 수 있었던 부분은 지나친 집착과 어머님의 틀 속에 맞추려는 교육적 측면의 역작용으로 인해 뇌가 과부하되고 안정의 알파파를 만들 수 없는 상태였다.

다행히 공부에 대한 욕심은 있어 상위권을 유지하고 있었다. 뇌파상 소견은 좌 · 우뇌의 불균형과, 특히 폐안 시 서파의 지나친 출현을 보여 심리적으로 상당히 불편함을 알 수 있었다.

훈련 후

좌·우뇌의 균형과 폐안 시의 정상적인 소실율을 유지하면서 안정감을 찾아갔다. 휴식 훈련모드를 하였으며 틱이 개선되기 시작하였다. 학교생활은 본래 얌전한 아이로 선생님들의 평이 나 있었지만 집에서 보는 엄마나 훈련센터에서 상담의 결과는 너무 소극적이고 자신감이 없는 것이 더 문제였다.

이 부분에서 개선된 점은 발표력도 늘어나고, 친구와의 관계도 원만하게 되어졌다. 자기주도학습이 가능하여지면서 가장 놀라운 점은 자신감과 안정감으로 인하여 반에서 일등을 하였고 전교에서 2등을 하였다고 자랑하는 아이를 보면서 보람을 느꼈다.

임상사례 이○○

이 아이는 초등학교 2학년으로서의 학습에 대한 동기부여도 전연 없었으며 또한 학습능력이 많이 떨어지고, 주의력 부족으로 학교생활에 상당히 문제가 있어 오게 된 경우였다. 부모님이 심각성을 느끼지 못하고 타 학부형의 권유에 의해 마지못해 온 경우였다.

나이또래에서 당연히 산만하고 공부는 때가 되면 할 수 있다는 생각을 가지고 계신 부모님이었다. 뇌파상 소견은 지나친 서파와 세타파가 너무 강하게 나오는 경우였다. 훈련은 주의력 훈련으로 동기부여를 주면서 긍정적인 사고와 자신감을 불어 넣어주는 상담을 많이 하였다.

장기기억과 학습에 관련된 행성을 많이 시켰고 다행히 훈련은 잘 따라 주었고 훈련의 필요성을 이해하여 주었으며 또한 행성게임을 좋아하였다.

훈련 후

제일 먼저 학습에 대한 동기부여가 생기면서 반에서 거의 꼴찌 수준이었던 성적이 2개월 훈련 후 국어 95점, 산수 95점을 받았다. 초등학교 2학년에서 흔하게 있을 수 있는 이 점수가 이 아이에게는 기적이나 다름없었다.

학교에서도 선생님에게서 칭찬을 받자 더욱 잘하고자, 수업태도도 좋아지고, 산만함도 많이 줄었다. 오락도 거의 하지 않으며 모범생으로서 성숙한 학교생활을 하고 있다. 내친김에 3학년 때 반장을 하려면 어떻게 해야 할까라고 강조했더니 더욱더 열심히 하겠다고 다짐하는 아이가 예쁘기만 하다.

센터장 소견

훈련 전

뇌의 기능은 전반적으로 양호한 편이나 휴식을 만들어내지 못하고 안정감이 없으며 정서적으로 매우 불안하며 행동성향이 산만함으로 나타난 경우, 특히 자기조절지수가 떨어지며, 좌 · 우뇌 균형의 동시성이 떨어져 있었다.

훈련 후

휴식이 만들어지면서 기초 율동도 생기고 정서적으로 안정을 찾게 되었다. 본인의 상태에 지각이 생기면서 되돌아 볼 수 있는 인지와 스트레스를 이겨낼 수 있는 힘이 생겼다.

연구결과 요약편

다음은 저자가 임상한 것을 토대로 연구발표한 자료들이다.

유치원의 경우

J 유치원 경우

뉴로피드백 훈련 전과 후를 비교한 결과 유아들의 뇌기능 지수가 전체적으로 상승한 그래프를 보여 준다.

아래 그래프는 1학기의 뇌기능 지수이며, 위의 그래프는 훈련 후의 2학기 뇌기능 지수이다.

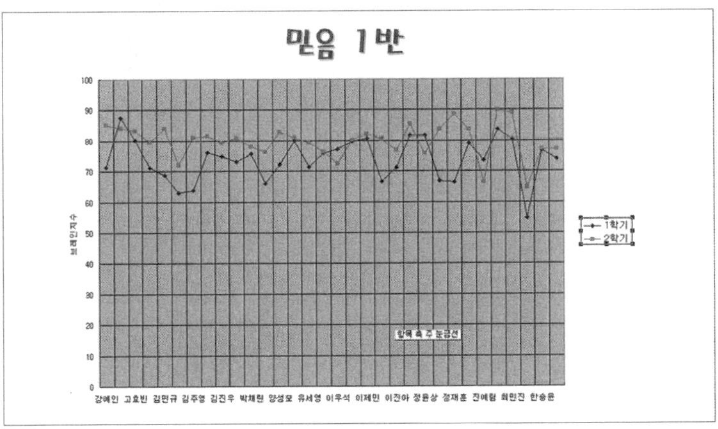

S 유치원과 Y 유치원의 경우

뇌기능의 세부적인 뇌기능 지수에서 변화한 결과표이다. 뉴로피드백 훈련 후 전체적으로 상승하였다. 특히 유아들의 정서와 안정에 영향을 미치는 좌 · 우뇌 균형과 항 스트레스 지수에서 평균값이 높게 변하였다. 스트레스 저항지수가 훈련 전에는 62.67, 60.82이었으나, 훈련 후에는 평균 값이 68.04, 69.01로 차이가 있었다. 긴장도와 산만도는 평균값이 내려가는 것이 바람직하다.

〈○○ 유치원 훈련 전과 후〉

	자기 조절 지수	긴장도 (좌)	긴장도 (우)	산만도 (좌)	산만도 (우)	스트레스지수 (좌)	스트레스지수 (우)	대칭성	동시성	좌 · 우 뇌균형
전	71.416	28.698	30.476	1.589	1.844	62.671	60.822	41.079	0.285	73.209
후	73.399	25.279	23.260	1.412	1.331	65.432	67.672	41.372	0.528	80.235

〈○○ 유치원 훈련 전과 후〉

	자기 조절 지수	긴장도 (좌)	긴장도 (우)	산만도 (좌)	산만도 (우)	스트레스지수 (좌)	스트레스지수 (우)	대칭성	동시성	좌 · 우 뇌균형
전	68.728	28.356	28.607	1.609	1.772	63.473	63.101	40.525	0.305	73.157
후	70.471	23.752	22.807	0.951	0.923	68.042	69.001	43.078	0.425	78.701

W 유치원의 경우

정규 프로그램으로 뉴로피드백을 실시한 결과 아이의 종합지능 발달은 물론 정서와 행동의 변화로 학부모들의 입소문의 주인공이 되고 있다. 뇌기능분석 프로그램을 통해 학부모에게 아이의 발달정도를 객관적 수치로 나타내 주므로 부모들의 만족이 대단하였다.

두뇌발달 특성화 유치원으로서의 자부심과 사명감을 바탕으로 꾸준히 뉴로피드백 프로그램을 실시해온 덕분으로 평가하고 있다. (6개월 훈련결과)

〈W 유치원 원아 훈련 전 · 후 뇌기능지수 변화표〉

	자기조절 지수	산만도 (좌)	산만도 (우)	항스트레스지수 (좌)	항스트레스지수 (우)	대칭성	동시성	좌 · 우뇌 균형
전	57.995	2.258	1.853	56.229	59.076	40.097	0.270	71.848
후	63.910	1.359	1.244	66.088	64.496	43.361	0.439	79.341

다음은 임상연구 결과를 바탕으로 논문발표한 내용을 요약하였다.

1 시계열 선형분석을 통한 유아들의 좌 · 우뇌 균형에 전전두엽 뉴로피드백 훈련이 미치는 영향 연구

요약

본 연구는 유아시기에 정서적 성향에 영향을 미치는 좌 · 우뇌의 균형적 발달이 가능한가를 보기 위하여 2008년 3월부터 2008년 11월까지 Y 유치원 원아 50명(실험군 25명, 대조군 25명)의 뇌파를 검사하여 뉴로피드백 훈련 전과 훈련 후의 좌 · 우뇌 균형정도 차이를 보고자 하였다.

훈련 전과 후의 좌 · 우뇌 정도는 시계열 선형분석을 통하여 비교하였으며, 연구검증 결과 뉴로피드백 훈련을 적용한 원아들에서 좌 · 우뇌 균형지수에서 유의미한 차이를 보였다.

이 결과는 전전두엽 뉴로피드백 훈련이 유아들의 좌 · 우뇌 균형을 높여 주었으며, 정서적 성향에 긍정적인 영향을 미쳤다고 본다.

2 유아들의 혈액형과 정서적 성향 간의 관계 연구

요약

이 연구는 유아들의 혈액형과 정서적 성향 간에 관계가 있는지를 개인이 지닌 뇌신경 생리학적 지표인 뇌파측정을 이용하여 비교하여 보았다.

대상자는 2005년 9월에서 2007년 12월까지 한국정신과학연구소에 뇌파측정 의뢰한 유아들을 기준으로 선정한 자료이다. 유아(4~7세)를 기준으로 선정한 자료이다. 유아 남 1696명, 유아 여 1322명, 총 3018명이다.

유아 혈액형 분포는 A형이 남 597명(35%), 여 450명(34%), B형이 남 483명(28%), 여 374명(28%), O형이 남 433명(26%), 여 343명(26%), AB형이 남 183명(11%), 여 155명(12%)으로 A >B >O >AB형 순이었다.

분석의 결과 유아들의 혈액형과 조울성향과는 분석의 결과 여아는 무관하였으며, 남아에서 명랑성향은 B형에서 가장 많았고, 우울성향은 O형에서 가장 많았다. 그리고 긍정이면서 명랑한 유아는 남자 B형의 유아가 가장 많았으며, 부정이면서 우울한 유아는 남자 AB형에서 가장 많았다.

그리고 혈액형과 주의력의 상관관계에서 O형의 유아가

주의지수가 가장 높았고, A형의 유아가 가장 낮았다.

이 연구결과 몇 개의 범주에서 혈액형과 정서적 성향에서 의미 있는 상관관계를 보여 주었으나, 미치는 영향이나 유전적인 역할이 어떻게 영향을 주는지의 작용기전을 규명하는 후속적인 연구가 필요하다고 사료된다.

3 유아들의 스트레스 저항능력에 뉴로피드백 훈련이 미치는 영향

요약

본 연구는 2008년 1월부터 2008년 12월까지 S 유치원 원아 40명(실험군 20명, 대조군 20명)의 뇌파를 검사하여 뉴로피드백 훈련 전과 훈련 후의 스트레스 저항능력을 보고자 하였다.

훈련 전과 후의 스트레스 저항능력은 시계열 선형분석을 통하여 비교하였으며, 연구의 결과로 뉴로피드백 훈련을 적용한 집단에서 항 스트레스 지수에서 유의미한 차이를 보였다.

이 결과는 뉴로피드백 훈련이 유아들의 스트레스 저항능력을 높여 주었으며 정서적 성향에 긍정적인 영향을 미쳤다고 본다.

4 BGA 교육 프로그램이 유아들의 좌 · 우뇌 균형발달에 미치는 영향 연구

요약

본 연구에서는 유아들을 대상으로 BGA 교육 프로그램이 좌 · 우뇌 균형발달에 어떠한 영향을 미치는지를 실제 실험을 통하여 밝혀 보는 데 목적이 있었으며, 연구의 대상은 2010년 9월부터 2011년 2월까지 원아 60명(실험군 30명, 대조군 30명)에게 BGA 검사와 뇌파측정을 바탕으로 검증하였다. BGA 교육 프로그램은 일주일에 3회씩 6개월 동안 진행하였으며 1회 교육시간은 30분 동안 실시하였다. 분석의 결과로 첫째, BGA 교육 실시 후 좌 · 우뇌 편차에 긍정적인 영향을 미쳤으며, 둘째, BGA 교육 프로그램이 좌 · 우뇌 균형지수에 유의미한 변화를 미쳤다.

5 전전두엽 뉴로피드백 훈련이 유아들의 습득도에 미치는 영향 연구

요약

이 연구는 뉴로피드백 훈련을 통하여 유아들의 습득도에 미치는 영향을 개인이 지닌 뇌신경생리학적 지표인 뇌파측정을 이용하여 연구하여 보았다. 대상자는 2010년 3월에서 2010년 11월까지 S시 W 유치원 원아 52명(실험군 26명, 대조군 26명)을 기준으로 선정한 자료이다. 훈련 전과 후의 뇌기능 변화는 시계열 선형분석을 통하여 비교하였으며 연구 검증 결과, 뉴로피드백 훈련을 적용한 원아들에서 뇌기능과 습득도 척도에서 유의미한 차이를 보였다. 이 결과는 전전두엽 뉴로피드백 훈련이 유아들의 뇌기능의 발달과 습득도에 긍정적인 영향을 미쳤다고 본다.

학습과 관련된 연구결과

6 전전두엽 뉴로피드백 훈련이 초등학생들의 자기조절 능력에 미치는 영향 연구

요약

본 연구는 2008년 1월부터 2008년 12월까지 B. 뇌훈련 센터에 자기조절능력 및 학업성취도 향상을 위하여 방문한 내담자 52명(실험군 26명, 대조군 26명)의 뇌파를 검사하여 뉴로피드백 훈련 전과 훈련 후의 뇌기능과 자기조절능력의 변화를 보고자 하였다. 자기조절능력에 영향을 미치는 특정한 뇌기능의 훈련 전과 후의 결과를 시계열 선형분석으로 비교하였으며, 자기조절능력 반응측정 변화를 보기 위하여 5점 척도 설문지를 이용하였다. 연구의 결과로는 자기조절지수, 훈련모드, 최대편차에서 집단 간에 유의미한 차이가 나타났다. 또한 자기조절능력 반응 설문지에서도 두 집단이 유의미한 차이를 나타냈다. 이는 전전두엽 뉴로피드백의 기술을 적용한 뇌훈련은 자기조절지수와 자기조절능력에 긍정적인 영향을 미친다고 볼 수 있겠다.

7 뇌파조절훈련을 통한 스트레스 저항능력이 학업성취도에 미치는 영향 연구

– 초등학생을 대상으로 –

요약

본 연구는 2008년 7월부터 2008년 12월까지 I시 P뇌훈련센터에 정서적 성향이나 학습능력 향상을 위하여 방문한 내담자 48명(실험군 24명, 대조군 24명)의 뇌파를 검사하여 뇌파조절 훈련 전과 훈련 후의 스트레스 저항능력의 변화와 스트레스 저항능력이 학업성취도에 미치는 영향을 보고자 하였다. 훈련 전과 후의 스트레스 저항능력의 비교는 뇌기능분석을 통하여 비교하였으며, 학업성취도의 변화를 보기 위하여 5점 척도 설문지를 이용하였다. 연구의 결과로 뇌파조절훈련을 적용한 실험군에서 항 스트레스지수와 학업성취도에서 유의미한 차이를 보였다. 이는 뇌파조절훈련이 초등학생들의 스트레스 저항능력을 높여 주었으며, 이 결과가 학업성취도에 긍정적인 영향을 미쳤다고 본다. 따라서 본 연구결과는 뇌기능 변화가 학생들의 육체적 · 정신적 스트레스나 저항능력 등의 객관적 지표로서 활용될 수 있는 가능성을 제시한 점에서 의의가 있으며, 이에 대한 경험적 증거의 축적을 위한 후속연구가 필요하다고 본다.

8 뉴로피드백 훈련이 중학생들의 자기주도학습 능력에 미치는 영향

요약

본 연구는 2010년 1월부터 2010년 7월까지 B. 뇌훈련센터에 자기주도학습 능력 향상을 위하여 방문한 내담자 60명(실험군 30명, 대조군 30명)의 뇌파를 검사하여 뉴로피드백 훈련 전과 훈련 후의 뇌기능과 자기주도학습 능력 변화를 보고자 하였다. 자기주도학습 능력에 영향을 미치는 특정한 뇌기능의 훈련 전·후 결과를 시계열 선형분석으로 비교하였다. 연구의 결과로는 자기조절지수, 훈련모드, 최대편차에서 집단 간에 유의미한 차이가 나타났다. 이는 뉴로피드백의 기술을 적용한 뇌훈련은 자기조절지수와 자기주도학습 능력에 긍정적인 영향을 미친다고 볼 수 있겠다.

선행연구 검토

뉴로피드백 기술을 통한 뇌훈련 프로그램은 다양한 분야에서 적용되고 있고 또 활발히 연구되고 있다.

Othmer(1999)는 뉴로피드백 훈련을 받을 때 시상(thalamus)과 피질(cortex)로 형성된 고리의 한 끝을 훈련하기 때문에 피질상에 일어난 변화는 뇌 깊숙이 있는 시상에 투영된다고 하였다.

Lubar(1993)는 뇌량하부피질(subcallosal cortex)에 신진대사와 혈액순환장애가 있어 신경전달물질들이 원활히 공급되지 못할 때 ADD, ADHD가 나타난다고 보았다. 따라서 뉴로피드백 훈련을 받게 되면 주의력과 행동양식을 통제하는 전두엽피질의 세포들에 혈액공급이 원활하게 되어 그것과 연결되어 주의력과 행동양식을 통제하는 뇌량하부피질을 치료하게 된다고 보았다.

Peniston(1999)은 알파-세타 프로토콜을 적용하여 중독증을 치료하였다. 수면에 빠지기 직전인 알파파와 세타파의 경계상태로 유도하게 되면 완전히 이완되는데, 이때 고통의 기억들이 떠오르면서 지극히 고요한 상태에서 사라지게 된다. 이러한 방법으로 중독관련 증상(특히 알코올 중독)이나 외상 후 스트레스의 호전을 보고하였다.

이외에도 외국의 경우 뉴로피드백 훈련과 관련한 선행 연구들이 매우 다양한 분야에서 발표되고 있다.

우리나라에서는 뇌기능 분석을 사용하여 뉴로피드백 훈련의 효과성을 입증하는 연구결과들이 발표되고 있다.

본 저자는 초등학생들의 학업 성취도(2009)와 스트레스 저항(2010a)에 뉴로피드백 훈련이 긍정적인 영향을 미친다고 발표하였고, 주의력 결핍이나 정서적 성향에 효과가 있다는 연구결과(2007), 유아들에게도 좌 · 우뇌 균형이나 (2009a), 항스트레스 저항(2010), 습득도(2011)에 유의미한 효과가 있다는 연구결과를 발표하였다.

또한 청각장애학생들에게도 효과가 있음(2009)을 입증하였고, 뇌파측정을 통하여 일반인과 비만인의 차이, 혈액형에 따른 정서적 성향이나 성격을 신경과학적이고 객관적인 방법으로 규명하였다.

장순옥(2009)은 뉴로피드백 훈련이 지능발달에도 긍정적인 영향을 미친다고 발표하였다. 원희욱(2007)은 뇌반구 비대칭에 뉴로피드백의 효과를 검증하였다. 변윤언(2010)은 뉴로피드백 훈련이 성별에 따라 뇌발달의 시기가 다르며 두뇌훈련의 결과에서도 의미 있는 차이가 있다는 것을 증명하였다. 안상균(2011)은 전전두엽 뉴로피드백 훈련이 사춘기 청소년의 자기조절능력과 학습동기에 긍정적인 영향을 미친다는 연구결과를 발표하였으며, 이문수(2011)는 상위권 고등학생을 대상으로 효능감에 뉴로피드백 훈련이 긍정적인 영향을 미친다고 발표하였다.

이외에도 많은 연구결과가 있으며 참고문헌을 참고하여 주기를 바란다.

나오는 글

아이들의 신경발달의 다양성과 차이를 존중한다면 아이들의 현재와 미래가치는 행복할 것이다. 그리고 희망이 가득찰 것이다.

이제 우리 부모와 교사들은 아이들이 서로 다르다는 것은 지극히 당연한 일이며 이를 인정하면서 온전히 만족해 가기를 바란다.

뇌의 가소성, 가소적 역설과 같은 개념들은 아이들의 행동 특성을 이해하는 데 중요한 근거가 된다. 또한 뇌의 비대칭성에 의한 주요 특성들을 이해한다면 그것이 뇌의 기능에 영향을 준다는 것은 아이들 시기에 제공받는 경험이 얼마나 중요한지를 알게 된다.

또한 아이들은 저마다 '다른' 두뇌구조를 가지고 태어난다. '좋고 나쁨'이 아니라 다름이다. 시중에는 아이들의 학습을 돕기 위한 각양각색의 관련책들이 많이 나와 있다.

그 많은 책들이 대부분 경험과 교육적 측면만을 강조하고 있는데, 이 글은 아이의 뇌를 읽는 방법과 뉴로피드백 훈련을 통한 개입을 통해 아이들의 뇌기능 변화를 설명하고 효율적인 학습준비와 일상생활의 변화를 과학적으로, 논리적으로 증명할 수 있었다고 본다.

아이의 뇌와 학습의 그 긴밀하고도 필연적인 관계를 이해하지 못하고서는 결코 아이를 도울 수 없기 때문이다.

특히 뉴로피드백 훈련을 통하여 자기조절능력의 향상은 일상생활에서 건강을 유지하고 자기를 통제하는 능력으로 나타나므로 아이들의 이러한 능력의 향상은 생활에서 자기주도적인 모습으로 나타나게 될 것이다.

인간행동의 외현적 변화를 주로 강조한 지금까지의 학교교육은 학습자의 역할이 수동적인 활동으로 간주된 교사중심의 교육이었으나, 인간은 외부에서 주어지는 자극하는 존재가 아니라 인간의 내재해 있는 잠재력과 성장력을 전제로 하여 부단히 발달해가는 존재이다.

정보화 사회에서는 얼마나 많은 정보를 기억하고 있느냐보다는 스스로 정보를 찾아 가공하고, 이를 통하여 문제를 해결할 수 있고 새로운 지식을 창조해낼 수 있는 능력을 갖추어야만 삶의 질을 향상시킬 수 있다. 즉, 기존의 방식을 수동적으로 따르기보다는 사회적 · 문화적 변화에 따라 당연하게 되는 문제들을 자기주도적으로 해결할 수 있는 능력을 길러야만 한다.

자기주도학습은 바로 이러한 맥락에서 주목받는 것으

로, 이론적 관점에 따라 그 해석이 다르게 적용되고 있지만 학습자는 단순한 정보의 수용자가 아니라 자신의 학습과정에 능동적으로 대처하고 있다는 공통적인 전제를 가지고 있다.

필자는 뇌과학의 뉴로피드백 기술을 활용한 뇌훈련을 통하여 자기주도학습 능력을 유도하고 나아가서 자아 정체감을 확립하여 지적인 학습이나 학교 혹은 일상생활에 융통성 있게 대처할 수 있는 능력과 문제해결능력의 향상을 볼 수 있으리라 확신한다.

최근 우리나라의 교육청에서 '개별화 교육'을 실시하겠다고 발표한 적이 있다. 이미 뇌교육이 학습으로 들어간 교육청도 있다. 뇌를 기반으로 한 연구결과들이 교육현장에 맥을 같이 하고 있는 것이다.

이 글을 통하여 부모님들이 뇌의 신비로운 작용을 이해하고 뉴로피드백 훈련법과 활용법을 잘 적용한다면 아이들의 학습뿐만 아니라 영성에 좋은 영향을 미치리라 확신한다.

아무쪼록, 자녀를 가진 모든 부모에게 서로 다른 목적지에 이륙하도록, 열정을 가진 모든 교육계에 계신 분 도움이 되는 글이기를 바라면서 마칠까 한다.

참고문헌

학술지(등재지)

백기자 · 김주연 · 이선규(2007a). "뇌파측정을 통한 비만인의 뇌 기능분석과 연령별 뇌기능 차이 연구". 한국미용학회지, 제13권 제2호, No. 2, pp. 497-506.

백기자 · 이선규 · 박병운(2007b). "시계열 선형분석을 통한 뉴로 피드백 훈련 전 · 후의 주의력 결핍성향과 정서적 성향에 미치는 영향에 관한 연구". 한국 정보기술응용학회, VOl. 14, No. 4, pp. 42-59.

백기자 · 이선규 · 정수현(2008a). "BCI를 이용한 바둑 전문인의 뇌 기능 특성 분석 연구. 한국산학기술학회논문지, 제9권(3), pp. 695-701.

________________(2008b). "바둑학습아동들의 뇌기능과 기력향상에 뉴로피드백 훈련이 미치는 영향

에 관한 연구". 한국산학기술학회 논문지, 제9권(4), pp. 1399-1406.

백기자 · 박병운 · 안상규(2008c). "유아들의 혈액형과 정서적 성향 간의 관계 연구". 한국산학기술학회 논문지, 제9권(6), pp. 1818-1824.

______________________(2009a). "시계열 선형분석을 통한 유아들의 좌 · 우뇌 균형에 전전두엽 뉴로피드백 훈련이 미치는 영향 연구". 한국산학기술학회 논문지, 제10권(7), pp. 1673-1679.

백기자(2009b). "혈액형과 주의력 및 행동성향 간의 관계 연구" - 초등학생 대상으로 -. 영재교육연구, 제19권(2), pp. 333-352.

_____(2010a). "유아들의 스트레스 저항능력에 뉴로피드백 훈련이 미치는 영향". 한국산학기술학회 논문지, 제11권(3), pp. 1066-1070.

백기자 · 안상규 · 이혜경(2010b). "노인들의 혈액형과 인지기능 및 행동성향과의 관계 연구". 한국산학기술학회 논문지, 제11권(5).

백기자(2010c). "청각장애학생들의 일상적 스트레스 저항능력에 뉴로피드백 훈련이 미치는 영향 분석연구". 한국산학기술학회 논문지, 제11권(9), pp. 3318-3324.

안상균 · 백기자(2009). "뇌파조절훈련을 통한 스트레스 저항능력이 학업성취도에 미치는 영향 연구 -초등학생을 대상으로-. 한국산학기술학회 논문지, 10권(10), pp. 2952-2958.

______________(2010) "아동바둑학습이 뇌의 활성도와 정서에 미치는 영향 연구". 한국산학기술학회 논문지, 제11권(4), pp. 1436-1441.

백기자 · 류창수 · 박병운(2006) "정상인 집단과 비만인 집단 간의 뇌파차이 분석 및 집단별 뇌파차이 분석 연구". 한국정신과학학회, pp. 233-246.

백기자(2007). "바둑인 집단과 일반인 집단 간의 뇌파차이 분석 및 집단 간의 뇌파 차이 분석연구". 한국바둑학회, 7회 바둑 학술대회, pp. 1-19.

______(2009c). "유아들의 스트레스 저항능력에 뉴로피드백 훈련이 미치는 영향". 한국산학기술학회 추계학술발표 논문집, pp. 546-549. (우수논문 수상)

______(2009d). "중 · 고등학생의 혈액형과 뇌기능 및

좌 · 우뇌 선호도와의 관계 연구". 한국산학기술학회 논문지, 제11권(11), pp.4260-4265.

_____(2011a). 전전두엽 뉴로피드백 훈련이 유아들의 습득도에 미치는 영향 연구. 한국산학기술학회 논문지, 제12권(6), pp.2548-2553. (우수논문 수상)

_____(2011b). 뉴로피드백 훈련이 청각장애 학생들의 정서적 성향에 미치는 영향. 한국산학기술학회 논문지, 제12권(8).

_____(2011c). BGA 교육 프로그램이 유아들의 좌 · 우뇌 균형발달에 미치는 영향 연구. 한국인간복지실천연구.

홍양표 · 백기자(2001d). BGA 교육 프로그램이 뇌발달에 미치는 효과성 연구. 한국산학기술학회 논문지, 제12권(8).

학위논문

백기자(2007). "바둑인의 뇌기능 및 기력 향상에 뉴로피드백 훈련이 미치는 영향에 관한 연구". 서울벤처정보대학원대학교 박사학위논문.

원희욱(2007). "뉴로피드백 훈련이 고등학생의 학업 성취도와 뇌기능에 미치는 영향". 서울벤처정보대학원대학교 박사학위논문.
한영수(2007). "전두엽 EEG 뉴로피드백 훈련이 암환자들의 뇌기능에 미치는 영향". 서울벤처정보대학원대학교 박사학위논문.
이정은(2007). "뉴로피드백 · 두개천골 · 혼합요법이 중년 여성의 피로 · 스트레스 · 브레인지수에 미치는 영향". 서울벤처정보대학원대학교 박사학위논문.
김성화(2008). "뉴로피드백 훈련 프로그램 적용이 학습장애아의 주의 집중력과 연산능력에 미치는 영향". 대구대학교 대학원 박사학위논문.
장순옥(2009). "뉴로피드백 훈련이 유아의 뇌기능 및 지능발달에 미치는 효과". 서울벤처정보대학원대학교 박사학위논문.
변윤언(2010). "청소년기 연령별, 성별 뉴로피드백 훈련의 효과". 서울불교대학원대학교 박사학위논문.
함주리(2011). "수학 · 과학 영재들의 전전두엽 뇌파특성에 관한 연구". 서울불교대학원대학교 박사학위논문.
안상균(2011). "전전두엽 뉴로피드백 훈련이 사춘기 청소년의 자기조절능력과 학습동기에 미치는 영향". 서울불교대학원대학교 박사학위논문.
이문수(2011). "뉴로피드백 훈련이 고등학생의 뇌기능 변화와 자기효능감에 미치는 영향에 관한 연구. 서울불교대학원대학교 박사학위논문.
김용진(2000). "학습활동의 뇌파분석에 기초한 두뇌순환 학습모형의 개발과 과학학습의 적용". 서울대학교 대학원 박사학위논문.
정희금(2006). 좌 · 우 뇌기능분화와 좌 · 우뇌 선호도가 MBTI 심리유형에 미치는 영향. 연세대학교 대학원 석사학위논문.
임승환(2003). "LCSI(Lim's Character Style Inventory) 성격검사 개발 및 타당화 연구". 연세대학교 대학원 박사학위논문.

단행본

김대식 · 최창옥(2001). **뇌파검사학**. 서울 : 고려의학.
김종성(2005). **춤 추는 뇌**. 서울 : 사이언스 북스.
박병운(2004). **뇌파 밴드별 상호 연관성에 따른 뇌기능 최적화 연구**. 한국정신과학연구소.

______(2004b). 뉴로피드백 입문. 한국정신과학연구소.

______(2005). 뇌파 해석기법. 한국정신과학연구소.

에릭 R. 브레이버맨 저, 윤승일 · 이문영 역(2009). 뇌체질 사용설명서. 서울 : 북라인.

윤태익. 타고난 성격으로 승부하라. 서울 : 더난출판.

나카가와 하차로 저, 김태호 역(2008). 머리가 좋아지는 영양학. 서울 : 아카데미서적.

김수현. 내 아이 똑똑하게 만드는 천재밥상. 서울 : 휴먼북.

외국문헌

Baehr, E., Rosenfield, J. P., & Baehr, R., & Earnest, C., (1999). "Clinical use of an alpha asymmetry neurofeedback protocal in the treatment of mood disordors", In(J. R. Evans, ed.) *Introduction to Quantitative EEG and Neurofeedback*. N. Y.: Academic Press, pp. 181-201.

Baker, J. A.(1995). "Depression and suicidal ideation among academically gifted adolescents. *Gifted Child Quarterly*", *42*(1), pp. 5-15.

Bruce, J. Fisch & spehlmann's EEG primer(3rd.)(1999). Elsevier, pp. 141–198.

Davidson, R. J.(1998). "Anterior electrophysiological asymmetries, emotion, and depression": Conceptual and methodological conundrums. *Psychophysiology, 35*, pp. 607–614.

Fehmi, L. G.(2001). "Attention and neurofeedback synchrony training; clinicalresults and their signi-icance". *Journal of Neuro therapy, 5*(1–2), pp. 33–43.

Jung, C. G.(1971). *Psychological types*. Princeton, N. J. : Princeton University Press.

Kamiya, J.(1972). "Self-regulation as an aid to human performance": Annual progress report(contract N0 014–70–C–0350), San Francisco, CA : submitted to the San Diego University Foundation, Langhy Porter Neuropsychiatric Institute.

Lubar, J. O., & Lubar, J. F., EEG Biofeedback of SMR and beta for treatment of Peniston, E. G., Marrinan, D. A., Deming, W. A., & Kulkosky, P. J.(1993).

"EEG alpha–theta brainwave synchronization in Vietnam theater veteran with combat–related post traumatic stress disorder and alcohol abuse". *Medical psychotherapy : An international journal 6, 984*, pp. 37–50.

Marks, D. F., & Lasscs, A. R.(1995). "Topographic distribution of EEG activity accompanying visual and motor imagery in vivid and non–vivid imagers". The *British Journal of Psychology, 86*(2), pp. 271–282.

Maulsby, R. L.(1971). "An illustration of emotionally evoked theta rhythm in infancy": Hedonic Hyper-synchrony. *EEG and Clinical Neuroscience Letters, 143*, pp. 10–14.

Myers, I. B., McCaulley, M. H.(1998/2003). Quenk, N. L., & Hammer, A. L., "MBTI manual : A guide to the development and use of the Myers–Briggs Type Indicator(3rd ed.)". Palo Alto, CA : Consulting Psychologists Press.

Othmer, E. Z.(2004). "Effects of neurofeedback on hemispheric attention networks". *Brain and cognition.*

Papp, L. A.(1992). Neurobiology of anxiety. In a Tasman & M. B. Riba(Eds). *American Psychiatric Press Review Psychiatry, Vol. 11*, pp. 307–322.

Peniston, E. G.(1992). "Alpha–theta EEG biofeedback training in alcoholism and post traumatic stress disordor". *The international society for the study of subtle energies and energy medicines, 2*, pp. 5–7.

Peniston, E. G.(1993). Marrinan, D. A., Deming, W. A., & Kulkosky, P. J.. "EEG alpha–theta brainwave synchronization in Vietnam theter veteran with combat–related post traumatic stress disordor and alcohol abuse". *Medical Psychotherapy : An International Journal, 6*, pp. 37–50.

Sterman, M. B.(1977). Sensorymotor EEG operant conditioning : Experimental and operant conditioning : Experimental and clinical effects. *Pavlovian journal of biological science, 12*, pp. 63–92.

저/자/약/력

■ 백기자

저자는 중앙대학교 보건학 석사를 거쳐 서울벤처대학원대학교에서 뇌과학으로 박사학위를 취득하였다. 아이들을 대상으로 뉴로피드백 뇌훈련센터를 운영하면서 학습과 정서와 관련하여 임상을 쌓았으며, 임상을 토대로 많은 연구결과를 발표하였다.

뇌와 관련하여 기업체와 유치원 원장 연수, 교원 직무연수, 대학원 최고경영자 과정 등에서 강연 중이다.

현재는 (주) 인달의 CRO로 재직 중이며, 서울벤처대학원대학교 겸임교수로 재직 중이다. 뇌과학과 관련하여 서경대학교 외래교수, 호원대학교 겸임교수, 서울불교대학원대학교 뇌과학 전공교수를 역임하였다.

뉴로피드백과 관련하여 30여 편의 논문을 발표하였으며,

- 〈뉴로피드백 훈련 전, 후의 주의력 결핍성향과 정서적 성향에 미치는 영향에 관한 연구 – 초등학생〉
- 〈시계열 선형분석을 통한 유아들의 좌우뇌균형에 전전두엽 뉴로피드백 훈련이 미치는 영향〉
- 〈유아들의 스트레스저항 능력에 뉴로피드백 훈련이 미치는 영향〉
- 〈뇌파 조절 훈련을 통한 스트레스 저항능력이 학업성취도에 미치는 영향 연구〉
- 〈중학생들의 자기주도 학습능력에 뉴로피드백 훈련이 미치는 영향〉
- 〈전전두엽 뉴로피드백 훈련이 유아들의 습득노에 미치는 영향연구〉 등이 있다.

뇌를 알면 우리 아이의 미래가 열린다

| **저자** | 백기자

| **1판 1쇄 발행** | 2011년 12월 10일
| **1판 2쇄 발행** | 2012년 1월 5일
| **개정판 1쇄 발행** | 2012년 9월 10일
| **발행인** | 김동훈
| **펴낸곳** | **공동체**

| **주소** | 410-817 경기도 고양시 일산동구 백석동 1323 동문타워Ⅰ 905호
| **전화** | 031)920-8305(대표)
| **팩스** | 031)920-8308
| **전자우편** | compub@naver.com
| **출판등록** | 2005년 10월 6일
| **등록번호** | 제396-2005-36호

| ISBN | 978-89-6352-382-8
정가 10,000원